この日本語、
どこからきた
ニャン？

語源図鑑

NIHONGO GOGENZUKAN

猫野シモベ

sanctuary books

はじめに

――言葉とは、歴史である。

「え、何言ってんの？」と思われたら、すみません。いきなりすぎましたね。

この本は、言葉をテーマにした本です。

それも、特別な言葉、むずかしい言葉ではなく、ごくありふれた言葉。

たとえば、「ふつう」とか、「好き・嫌い」とか「すみません」とか。

「あざとい」「やばい」「はい・いいえ」「ケチ」なんていうものも。本当に、日常でよく使う、よく見る言葉ばかり。

でも、どうでしょう。

「どうしてケチのことをケチと言うか、ごぞんじですか？」

そう言われると、うっと言葉に詰まらないでしょうか。

ケチって漢字でどう書くっけ？　え、そもそも日本語？　……あたりまえのように使っているのに、本質的な意味を聞かれると、答えられない。

この本では、そんな言葉の意味や起源などを詳しく紹介していきます。

そもそも、世の中のすべてのものごとは、言葉でできています。

たとえば、「あなた」や「みなさん」、「君」という言葉がなければ、今この文章を読んでいる方をなんて読んだらいいのか……（「そなた」とか？）。

「私」「仕事」「お金」「家」「靴」「音」「本」……こうした言葉がもしなかったとしたら、とたんに生活は不便になります。

「これはネコ」「あれはイヌ」「この曲が好き」「明日は休み」「今日は暖かい」「お疲れさま」……本当に、数え切れないほどの言葉たち。世界のありとあらゆるものは言葉で表現されて、私たちは言葉を通して世界を理解しています。

もし私たちがコンピューターのように思考できる生きものだったら、そんなにたくさんの言葉は必要ありません。いくつかの記号や０～９の数字さえあれば、あらゆることを処理・表現できてしまうでしょう。

でも、そうじゃない。

世界にはたくさんの表現があって、たくさんの言葉がある。

それは、「人がいたから」です。言葉には、そのとき人々が込めた感情や、社会の背景があり、その都度、いろんな形・意味に変わってきました。

でもその一方で、千何百年も変わらず、使い続けられている言葉もあります。

だから、言葉は歴史。「人の営みの歴史そのもの」なのです。

そんな奥深くて楽しい言葉の世界を、みなさんと一緒に知ることができたらと、そんな思いでつくった本になります。

……でも、言葉だけではちょっとむずかしい感じがするかもしれないので、「ネコたち」に協力してもらいました。言葉の起源や歴史を、キュートなおネコさまの（たまに他の生きものたちも）写真とともに紹介する。そんな本です。


「え、なんでネコ？」


と思いました？　実は、会社の人にも言われたんですよね。

でも逆に聞きますけど、**猫で不都合なことあります⁉**と反論したのですが（心の中で）、一応こう説明しました。

「**猫と言葉の相性は最高で、シンクロ率が『∞』になるからです！**」

もちろん、ぽかんとされました。いや……これぱかりは、言葉で説明するにはちと文字数が足りない……「百聞は一見にしかず」とも言います。よろしければ、チラ見していってください。ということで、ようこそ、楽しい日本語の世界へ！

NIHONGO GOGENZUKAN

PART い

時とともに意味が変わっていった言葉

NIHONGO GOGENZUKAN

PART 3

調べたことなかったけどいつもそこにある言葉

NIHONGO GOGENZUKAN

PART は

時代の中で生まれたナウな言葉

NIHONGO GOGENZUKAN

PART に

時を経ても変わらない言葉

ngeru	貓
Chat	Муур
Con mèo	Pişik
ねこ	बिरालो
قطة	고양이
Gatto	Cat
Ikati	Katze
Kass	Gato
Mačka	Кот
Katse	Γάτα
Kočka	Kedi
بلی	Paka
බළලා	แมว
Kedi	Mphaka
Bisad	बिल्ली
Katt	

NIHONGO
GOGENZUKAN
PART

い

時とともに意味が変わっていった言葉

時の流れは早いもの……。いつの時代も、人の間では言葉が交わされてきました。
その中では、たとえば現代で「ヤバい」がポジティブな意味で使われているように、同じ言葉でも意味が変わっていくことが多々あります。
「あいさつ」「出世」「あざとい」など……何気なく使っている言葉も、その起源をたどると「え、そんな意味だったの!?」と驚くものも。
この本の最初は、そんな言葉たちの歴史を紹介していきましょう。

NIHONGO
GOGENZUKAN
01

まさか

masaka

意味

予期せぬこと

用例「まさか敵の正体が主人公の父だったとは」

まさか！　まさかねぇ。など、「そんなこと起こるとは考えにくいが……」という意味を含んだこの言葉。

実は、万葉集にも事例がある。

ただ、現在の「まさか」とは意味が違い、当時は「今」という時間をあらわす言葉だった。

では、なぜ「今」を意味したかというと、その語源が「目」だったからだと考えられている。

目の前のことを「目前（まさき）」と言い、ここから転じたものではないかという説が1つ。もう1つ、目をあらわす「ま（目）」、方向をさす「さ」、住処《すみか》のように居場所をあらわす「か」が合わさった言葉だという説もある。

現在のような意味で使われるようになったのは、江戸時代になってからのこと。

ただ、「今目の前」という意味が、なぜ「予期せぬこと」につながったのかはわかっていない。昔は「まさしく！（そのとおり）」の意味でも使われていた言葉。

気になる関連語

ありえない

「ありえない」とは、「ありえる」の否定形。原型の「ありうる」は万葉集からあった言葉で、もとの意味は「世の中にあることができる」「生きていくことができる」の意味だった。

NIHONGO GOGENZUKAN 02

ちょろい

choroi

意味

扱いやすい、簡単

用例「ちょろいトラップ」

ちょろいやつだぜ……。

扱いやすい、簡単にだませる、ゲームなどでは「倒しやすい敵」「攻略しやすい」などの意味で使われる言葉だ。

この「ちょろ」とは、何なんだろうか。

ちょろは、「ちょろちょろ動く」のように、小さいものがちょろちょろ……と動き回る様子をあらわした擬態語（オノマトペ）だ。

「うろちょろするな」、の「ちょろ」である。

転じて、ちょろいは対象を下に見たようなニュアンスのある意味になった。

「ちょろい」は江戸時代には使われ、当初は「値打ちがない」「生ぬるい」などの意味だった。今でも「甘っちょろい」と言うように、同じ意味として使われている。

その後、時を経て「扱いやすい」といった意味も足されていき、現在のちょろいが誕生した。

気になる関連語

ちょっかい

ちょっかいは、実はネコが語源の言葉。「ちょっかき」（ネコがちょっと手を出す様子）から生まれたという。転じて、「余計な手出しをする」の意味になった。うちの猫はよくパソコンの上に乗って謎の暗号を打つ。

NIHONGO
GOGENZUKAN
03

ケチ

kechi

意味
お金を惜しむこと、心が狭い
用例「ケチで何が悪いでござんしょうか?」

ケチには、さまざまな意味がある。

「お金を惜しむ」の他に、「心が狭くていやしい」「粗末で価値がない」「景気が悪い」、そして「不吉なこと」というのもある。

その中で、ケチのもともとの意味は、「不吉なことの前兆」だった。

ケチとは、「怪事（けじ）」が語源だと考えられている。

「ケチが出る」（＝不吉なことが起きる）などと使われてきた。今でも「ケチがつく」と言うが、それと同じような使い方だ。

この、「不吉の前兆」から派生して、さまざまな意味が生まれていったというのがケチの由来。

現代のようにお金に執着がある人をケチと言いだしたのは、江戸時代からのこと。

この意味のケチは吝嗇《りんしょく》とも言う。漢字検定1級に出てくる漢字である。超難読だ。

気になる関連語

浪費

ケチな人のことを「吝嗇家」と言い、その反対語は浪費家（よくお金を使う人）になる。浪費の「浪」は波を意味する漢字で、転じて「型にはまらない」「でたらめ」という意味でも使われるようになった。

NIHONGO
GOGENZUKAN
04

おとなしい

otonashii

意味

思慮分別がある、もの静か、従順など

用例「いつから大人しくなっちまったんだろうな」

おとなしい。この言葉は、特にひねりなく「大人らしい」が由来の言葉だ。

では、そもそも「大人」とは何だろうというと、これがむずかしい。かなり古くから使われている言葉のようで、語源がはっきりしない。

「おと（勇ましい）」＋「な（人）」という説、「音無（静かな様子）」からきたという説もある。

「おとな」の意味自体もさまざまで、「成人」という意味で使われてきただけではなく、「一族の長《おさ》」、枕草子では「女房（女中）のリーダー」をおとなと言ったりなど、組織や集団の代表者のことを指していた。

時代とともに、「年長者のように思慮分別がある」という意味が足され、今では「ものごとに従順なこと」もおとなしいと言ったりする。

ちなみに、「大人げない」は昔から同じ意味で使われていて、少なくとも平安時代からある言葉だ。

気になる関連語

おさない

おさないとは、「子ども」あるいは「子どもっぽい」という意味。「長（おさ）なし」が語源とされている。つまり、長らしくない＝大人らしくない、という意味から転じて生まれた言葉だ。

美しい

utsukushii

意味

色や形などが整っていて好ましいこと

用例「鏡よ鏡、世界で一番美しいのは……？」

美しい。誰もが直感的に意味を理解できるが、これも長い歴史を持つ言葉の1つだ。

さまざまな解釈があるが、「厳（いつ）」＋「奇（くし）」のように2つの語が合わさったと考えられている。

そもそも「うつくしい」という言葉は時代によってその意味が変わってきた。

万葉集の時代は「弱い立場の人を慈しむ気持ち」として使われ、平安時代には「小さいものへの愛らしさ」が主な意味になった。

中世以降、「けがれない美しさ」「はっきりとした美しさ」という現在と同じニュアンスの言葉になる。

ちなみに、「美」という漢字は古代中国から存在していて、「大きい羊」と書く。なぜか、「善」や「義」などにも「羊」の文字が入っている。

その理由としては、人類にとって羊が重要な家畜だったからではないかと考えられている。

気になる関連語

きれい

「きれい」はもともと漢字で「奇麗」と書き、こちらも中国に由来する言葉。卑弥呼の時代にあった『後漢書』に書かれていた文字らしい。「すぐれてうるわしい」という意味。

NIHONGO
GOGENZUKAN
06

仕事

shigoto

意味

生計を立てるための行い、行動の結果のこと

用例「これも仕事さ。時代だね」

仕事。今も昔も、生きていく上では大事なことの1つである。

その語源は、「すること」「したこと」にある。もとはそんなに強い意図が込められた言葉ではなかった。

しかし、いつからか「仕事」＝「しなければいけないこと」という強いニュアンスの言葉に変化していったという。

「仕事しなさい」とみんな言われてきたのかなぁ……と思うと、なんだか感慨深い。

では、「働く」とはどういう意味なんだろうか。

実は、ほとんどわかっていないようだ。「はたはた」という、慌ただしいイメージさせるオノマトペがもとになっていると言われている（「らく」については不明）。

一般的に、「傍《はた》（まわりの人）を楽にする」から来ているという説があるが、これは「うまいこと言った表現」であって、最近できたものらしい。

仕事もいろいろ。生きていることそのものが仕事とも言える。みなさん、今日もお疲れさまです。

気になる関連語

職業

職業は「生業（なりわい）」にルーツを持ち、漢の時代（紀元前200年頃）からあった言葉。五穀豊穣のための行いを意味した。「労働」も中国の言葉で、もとは「労動」と書いた。「働」は日本で生まれた漢字。

NIHONGO
GOGENZUKAN
07

ざんまい

zanmai

意味

あることだけに熱中すること

用例「今日は、寿司ざんまいだ」

「ざんまい！」と言えば、あの有名なお寿司屋さんの社長のポーズを思い浮かべる人も多いのではないだろうか。

「贅沢ざんまい」のように、今やゴージャス・優雅なイメージのある言葉であるが、意外にもその語源は仏教であった。

ざんまいとは、梵語（サンスクリット語）「samādhi」の音から取られた言葉だ。もとの音は「さんまい」だが、濁って「ざんまい」となった。

その意味は、「心を一点に集中させ、対象のことを正しく見られている状態」である。いわゆる「瞑想状態」のことを指した言葉だったのだ。

それが室町時代以降、「〇〇ざんまい」と接尾辞として使われるようになり、「あることにふけって好き勝手やる」というようなニュアンスも生まれていった。

漢字では「三昧」と書き、昧は「薄暗くてよく見えない状態」をあらわす字。曖昧の昧と同じ漢字だ。

気になる関連語

曖昧／あいまい

曖昧は、漢語が由来の言葉。曖も昧も「暗い、見えないこと」をあらわす漢字で、この２語を重ねたもの。四字熟語で「曖昧模糊」ともいう。漢検１級。書けたらすごい。

NIHONGO
GOGENZUKAN
08

出世

shusse

意味

世に出て、身分が高くなること

用例「君も、出世したくないかね」

昔は、「出世はいいこと」とされてきたが、最近では「責任が重くなるだけだから」と嫌われつつある。

そんな出世。実はこの言葉も仏教からきている。

もともと、「ブッダが世界を救うために、この世にあらわれること」を出世と言った。「悟りを開く（＝出世間）」という意味でも使われたものだった。

そこから派生し、出世は日本独自の意味を持つようになる。まず、貴族の子どもが仏門に入ることを出世と言うようになったらしい。そして、僧侶が高い位につくことを出世と言うようになった。貴族の出の人は昇進が早かったので、転じて今のように高い役職につくことを出世と言うようになった。

本来の意味とは裏腹に、ずいぶん俗っぽい話である。

ちなみに、「えらい」は語源がはっきりしないが、「程度がはなはだしい」ことを言った。「えらい人」と今のように使われだしたのは江戸時代の末期からだという。

気になる関連語

出張

出張の語源は「出張（でば）り」で、戦いのために他の土地に行くことを意味した。出張りと出張、両方使われてきたが、明治以降、「出張」のほうが一般的になったという。

NIHONGO GOGENZUKAN

09

あいさつ

aisatsu

意味

出会った人に言葉をかけること

用例「知らないひとに、あいさつされた」

「あいさつは元気よくしましょう」と、学校や職場で教えられてきたものだ。

じゃあ、そのあいさつって何だろうかというと、これもまた仏教からきた言葉だ。

「一挨一拶（いちあい・いっさつ）」といって、禅寺ではお師匠さんが弟子たちに問答をかけたり、弟子同士で問答をしたりしたことに由来する。

悟りの深さをたしかめるためのトレーニングやテストのようなものだったらしい。

その後、格式ある「五山」と呼ばれる禅寺で、「受け答え」の意味で「一挨一拶」が使われるようになった。

そこから転じて、「あいさつ」が一般的にも使われるようになったのではと考えられている。

漢字の「挨」は人がつまって押し合うことで、「拶」は押し迫ること。実はかなり圧の強い漢字である。

気になる関連語

礼

もとの字は「禮」と書いて、神さまにお供えをすることを意味した漢字。転じて、「礼儀」や「謝礼」などと使うようになった。ちなみに仮名文字の「ね」と「ネ」は「礼」からつくられた文字だ。

NIHONGO
GOGENZUKAN
10

がんばる

ganbaru

意味

がまんすること、努力すること

用例「がんばらなくていいやと、思いまして」

「がんばれ」「がんばれ」と、スポーツなどを観ていると何気なく言ってしまうが、どんな意味なのだろうか。

がんばるとは、一般的には「困難に耐えて努力をすること」という意味だ。

しかし、もう1つの意味として「我《が》を押し通すこと」というものもある。

実は、本来の意味はこちらのほう。

その語源は「我に張る」にあると考えられている。

つまり、我（エゴイズム）を無理にでも突き通すということが、がんばるの本質的な意味だったらしい。

他に、「眼張る」（眼をつけて見張る）から来ているという説もある。

いずれにしても、頑張るの「頑」は当て字だ。

あまりがんばりたくない私は、今度から「無理しないで」って言おうと思う。

気になる関連語

無理

無理とは、漢語で「理（ことわり）の無いこと」を意味する言葉。理とは「物事のすじ」を意味する。これを相手に強いることを「無理やり」と言うようになった。漢字で「無理矢理」と書くが、「矢理」は当て字。

NIHONGO
GOGENZUKAN
11

たぶん・きっと

tabun・kitto

意味

おそらくそうなるという推定（たぶん）

必ず。また、そうなってほしいという希望（きっと）

用例「あれはたぶん、伝説の『武富士ダンス』」

「たぶん」とは「多分」と書く。

その字のごとく、「多いこと」と、ものごとの量を意味する「分」が語源になっている。

本来は「数が多い」ことを言ったが、そこから転じて推定するときにも使われるようになった。

もとは「大方」や「十中八九」と同じ意味で、そうなる確率が高いことをあらわす言葉だったが、時代とともに「おそらく……」くらいの不確定な場合にも使われるようになった。

一方、「きっと」はより確率の高いことをあらわし、「ほぼ必ず」という意味の言葉。

漢字では「急度」「屹度」と書き、もとは「きと」と言って「瞬間的にさっと動く様子」をあらわした。「姿勢や態度にゆるみがない」「厳しい」ことなどを意味し、その「しっかり」「きっぱり」といったニュアンスが「必ず」という意味に転じたのだろう。きっと……。

気になる関連語

おそらく

語源は「おそるらく」で、「私がおそれることは」「気がかりなことは」という意味だった。ここから転じて、「間違ったらこわいけど……たぶん……」というようなニュアンスで推定をあらわす言葉になった。

NIHONGO GOGENZUKAN

12

ずるい

zurui

意味

自分の得を優先して立ち回ること

用例「うしろに隠れるのはずるいと思うわ」

「ずるい」というと、手段を選ばずに利益を得る、という意味で使われている。似た言葉は「卑怯」だ。

最近では「ずるいなぁ……」と、相手をうらやましがったり、感心したりするときにも使う。

しかし、もとは「しまりがない」「ふしだら」などの意味で使われていた言葉だ。江戸時代から使われている。

だらしないこと、しまりのないことを「するする」→「ずるずる」と言うようになり、「ずる」という言葉が生まれたと考えられている。「する」は「摩（す）る」から来ており、「こする」「ごまをする」などの「する」だ。

ちなみに、「こすい」という言い方もあり、意味は同じ。こちらは室町時代から使われてきた言葉だ。

ずるい、こすい、いずれも「狡い」と書き、犬がするするとすばしっこく逃げ走る姿を模した漢字である。

気になる関連語

卑怯

「ひきょう」は、もとは「比興」と書き、「おもしろいこと」を言った。それがいつしか「風変わりなこと」などと意味がネガティブになっていき、現代の意味になったとか。「卑怯」は当て字。

NIHONGO
GOGENZUKAN
13

やから

yakara

意味

ガラの悪い人たち

用例「やからが車を乗り回す」

「やから」と言えば、現代では「素行のよくない人」を意味し、不良などと同じような意味で使われる。

では、その語源はというと、「一族」を指す言葉だった。「や」は「家」の意味で、「から」は血縁を意味する（たとえば昔は兄弟のことを「はらから」と言った）。

つまり、家族・親類のことを意味する言葉だった。平安時代になると、対象の範囲が拡大されて「仲間」のことを「やから」と言うようになる。

もしも今も同じ意味で使い続けていたとしたら、「仲間だろうが！」というセリフは、「やからだろうが！」になっていたかもしれない。

なお、やからは「輩」と書く。これは古代中国で使われていた軍の車を意味した字で、転じて「同じ部隊の仲間」という意味を持つ漢字だ。

「車を乗り回す族」……たしかに「やから」である。

気になる関連語

やくざ

やくざとは、もとは「定職につかない遊び人」の意味だった。花札の「カブ」が由来で、8、9、3の3枚を引くと0点になり、「負けて役に立たない」ことから生まれた言葉だそう。

NIHONGO
GOGENZUKAN
14

ちゃん・さん・さま

chan・san・sama

意味
親しみを込めた敬称（ちゃん）
ノーマルな敬称（さん）、尊敬を込めた敬称（さま）
用例「俺をちゃん呼びしていいのは、ハニーだけさ」

「〇〇ちゃん〜！」と、名前のあとに「ちゃん」をつける。愛情を込めた表現である。

その語源は、「さま」にある。様とは、「すがたかたち」。ものごとの状態をあらわす言葉であるが、それが「外様（とさま＝外のほう）」のように、方角をあらわす言葉として使われるようになった。この、どことなく遠慮がちで距離感のあるニュアンスが、「お殿さま」「上さま」のように、目上の人への敬称として使われるようになっていった。

そして江戸時代に入ってから、「さま」のくだけた表現として「さん」が生まれ、さらに派生して「ちゃん」が生まれたと考えられている。

ちなみに、「貴様」は「あなたさま」と書くが、江戸の中盤〜後半あたりで「さま」のランクが低くなり、目下の人にも使われだし、最終的にはののしり言葉にまでなってしまったということらしい。言葉に歴史ありだ。

気になる関連語

くん

「くん」は、「君（きみ／君主）」が語源。江戸時代末期に男性言葉として相手を「君」と言うようになり、やがて敬称として「くん」が使われるようになったという（詳しくは92Pの「きみとぼく」でも紹介）。

NIHONGO
GOGENZUKAN
15

あざとい

azatoi

意味

わざとらしい、こざかしい

用例「あざといだろ？ 好きだろう？」

あざとい。現代では「計算高い」というニュアンスが強いが、もともとは「小利口で思慮が浅い」「浅はか」という意味の言葉だ。

その語源は、「あざる（ふざける、戯れる）」と「とし（早い、鋭い）」を合わせた言葉だと言われている。

目先のことだけ見て、あまり深く考えずに行動してしまうこと、そんなニュアンスがある。

その意味では、最近使われている「あざとかわいい」とはずいぶん意味が変わってくる。

ちなみに、「悪女」という言葉がある。この言葉も、現在では「男をもてあそぶ美女」のようなニュアンスがあるが、これはかなり最近できたイメージ。

もともとの悪女の意味は、「美女の逆」である。「醜女《しこめ》」という、黄泉《よみ》の国にいる鬼のイメージからきている。「しこ」は、「すさまじい」の意味。

言葉を象徴するモデルによって意味も左右されるのだ。

気になる関連語

あばずれ／阿婆擦れ

今では使うことのできない侮蔑的な言葉で、当然のように校正さんのチェックでも引っかかるが、もとは男女両方に使い、「悪賢い人のこと」を言った。ただ、この「あば」が何なのかはまったくわからないらしい。

NIHONGO
GOGENZUKAN
16

すごい

sugoi

意味

程度が並外れている

用例「こっちをすごい見てくる、すごいひとがいる」

「さすがー！　知らなかったー！　すごーい！」……使い古された相づちの「さしすせそ」であるが、「すごい」に関しては日常でよく使うと思う。

そんなすごい。実は「ぞっとするほど恐ろしい」がもともとの意味である。

語源は「過（す）ぐ」で、「程度が過ぎている」から生まれた言葉だと考えられている。

「圧倒されるような不気味さ」というような威圧感がある言葉であり、類語は「すさまじい」だ。

しかし、時代とともに「恐ろしいほど素晴らしい」のように、いい意味でも使われるようになっていく。

古文では、「態度が冷ややか」という意味でも使われ、応用範囲が広い。

ちなみに、さしすせその続きは、「センスいい～！」「そうなんですか！」である。あざとい女子が言えばイチコロだ（イチコロは、「一撃でコロリ」の略）。

気になる関連語

さすが／流石

「さすがに」の略で、もとは否定的な意味で使ったが、中世から肯定的に使われるようになる。流石の字は、「漱石枕流（そうせきちんりゅう）」という故事がもとになっている。

NIHONGO
GOGENZUKAN
17

あたりまえ

atarimae

意味

わかりきったこと、言うまでもないこと

用例「一緒にいるのがあたりまえの関係」

あたりまえは、「当たり前」と書く。

由来は諸説あるが、「当たり前」はその昔、「労働者の分け前」という意味でも使われていた言葉だ。

ここから転じて、「働いた分の当たり前をもらうのは当然だ」、そんな意味から生まれたという説がある。

また、「当然」（＝必ずそうなる）の別表記として「当前」が使われ、これを訓読みして「あたりまえ」と言うようになったという説もある。

ちなみに、「当然」は14世紀後半から、「あたりまえ」は江戸時代に入ってから使われている言葉だ。

一方、あたりまえと意味が似ている「常識」は、江戸時代に儒教学者の伊藤仁斎がつくった言葉。ただし今のような意味になったのは明治時代に入ってからで、英語の「common sense」の訳として使われるようになってからだ。

「え、常識でしょ。こんなのあたりまえじゃ〜ん！」と人に言うと、たぶん嫌われるのでやめたほうがいい。

気になる関連語

知識

「知識」は明治の初期、西周（にし・あまね）が考案したもの。西は他にも哲学、心理学、芸術など漢語をベースにした多数の言葉を生む。日本語を近代化しようと、仮名文字の廃止も推進していたらしい。

NIHONGO GOGENZUKAN

Column

日本人の知らニャい仮名の話

日本語の歴史は2000年以上と言われるが、漢字が入ってくるまで「固有の文字」はなかったとされている。つまり、漢字が入ってきて初めて文字を書くようになったらしい。

日本の文学の元祖である「古事記」や「万葉集」では、音に漢字を当てて言葉の意味を表現した。

たとえば「久尓（クニ）」、「許己呂（ココロ）」などで、「万葉仮名」と呼ばれているものだ。

ただ、画数がめちゃくちゃ多い。これでは複雑すぎる！ということで、あらたに発明されたのが「仮名文字」だった。

もとの漢字を崩し、平易にしたものが「ひらがな（平仮名）」。一方、もとの漢字の偏（片）など一部を切り取ったものが「カタカナ（片仮名）」だ。

无↓ん	和↓わ	良↓ら	也↓や	末↓ま	波↓は	奈↓な	太↓た	左↓さ	加↓か	安↓あ
	爲↓ゐ	利↓り		美↓み	比↓ひ	仁↓に	知↓ち	之↓し	機↓き	以↓い
		留↓る	由↓ゆ	武↓む	不↓ふ	奴↓ぬ	川↓つ	寸↓す	久↓く	宇↓う
	恵↓ゑ	礼↓れ		女↓め	部↓へ	祢↓ね	天↓て	世↓せ	計↓け	衣↓え
	遠↓を	呂↓ろ	与↓よ	毛↓も	保↓ほ	乃↓の	止↓と	曽↓そ	己↓こ	於↓お

ネことわざ
その一

鳴くネコはネズミを捕らぬ

意味

口うるさい人ほど
大した仕事をしない。

逆に、「鳴かないネコはネズミを捕る」（優秀な人ほどアピールせずたんたんと仕事をこなす）ということわざもある。ちなみにうちのネコはよく鳴いて鳥が逃げていく。

ネことわざ その二

皿なめたネコが科《とが》を負う

意味

捕まるのは、だいたい下っ端である。

盗み食いした主犯のネコはさっさと逃げてしまい、残ったお皿をなめにきたネコが犯人にされるというたとえから。「科(とが)」とは、罪のこと。昔、実家で飼っていたネコは馬刺しが異様に好きで、うなりながら盗み食いをしていた。

NIHONGO GOGENZUKAN

PART

3

調べたことなかったけど いつもそこにある言葉

ふだん何気なく使っている言葉たち。
たとえば、「ふつう」「高い・安い」「好き・嫌い」「なるほど」なんて、空気のように使っていますよね。
わざわざ調べたことはない。けど、言われてみるといったいどういう意味なんだろう？ と説明ができない。
そんな、知っているようで知らない言葉の意味をここでは紹介していきましょう。

NIHONGO GOGENZUKAN 18

はい・いいえ

hai・iie

意味

肯定的な返事（はい）

否定的、断る返事（いいえ）

用例「はい！ ぜんぜんわかりません！」

「はい」と「いいえ」。何も考えずに使っている言葉だが、語源はあるのだろうか？

まず、「はい」について『日本語源広辞典』という辞書で調べてみる。

「語源は、『相手のいうことに対する返事』です」とある。

はい。それはわかってるんです……ということで、具体的にたどるのがむずかしい言葉らしい。

「あい」「えい」などの返事が転化したという説、「拝（＝こうべをたれておがむこと）」からきているという説、「はー」という感動の声が由来という説もある。

一方、「いいえ」は古語にもある「否（いな）」が語源だという説が一般的。

「いな」が「いえ」になり、「いえいえ」→「いいえ」と変化していったと考えられている。

「はい」も「いいえ」も江戸時代から見られる言葉だ。

ご納得いただけただろうか。↓はい　↓いいえ

気になる関連語

返事

返事は、その昔は「かえりごと」と言っていたが、「返事」の漢字を音読みして「へんじ」となった。「火事」（ひのこと→かじ）、「出張」（出張る→出張）」なども同様。和製漢語と呼ばれる変化の１つだ。

NIHONGO
GOGENZUKAN
19

表・裏

omote・ura

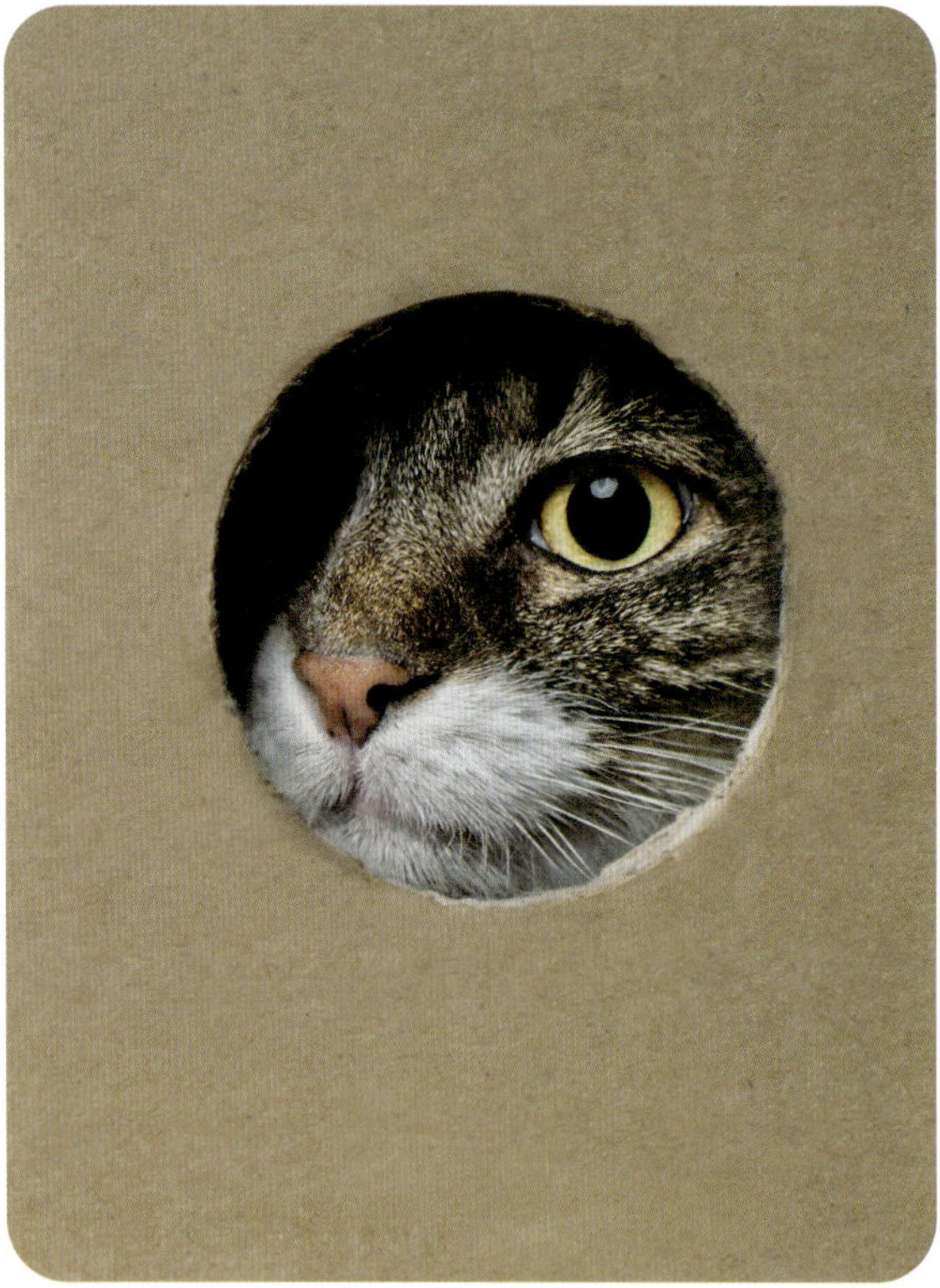

意味

見える部分、ものごとの外側（おもて）

見えない部分、ものごとの内側（うら）

用例「その日私は、見てはいけない裏を知ってしまった」

ものごとには、「表」と「裏」があるもの。というように、対になって使われることも多い「表」と「裏」。語源はどこにあるのだろうか。

まず、「表」。

「おもて」の「おも」は、「面」と書き、「表面」をあらわす言葉として使われてきた言葉だ。

おもての「て」は、方向を意味する言葉。つまり、「表面のほう」というのがおもての語源になる。

一方、裏はというと、「心」が語源である。

人の内にあって見えないもの（「心」）を「うら」と言うようになった。

ただ、「うらさびし（なんとなくもの寂しい）」のように、「うら＋〇〇」という形で使われるのが一般的で、そのうち心の意味を持たなくなっていったという。

ちなみに、野球の「表」と「裏」。英語ではそれぞれ「top（上）」「bottom（下）」という。

気になる関連語

うらない／占い

うらないの「うら」も、「心」が語源と言われている。「占」の字は「神に問うこと」を意味し、「神の言うことは絶対」という意味から転じて「占領」「独占」などの言葉にも「占」の字が使われるようになったとか。

NIHONGO
GOGENZUKAN
20

べんり／便利

benri

意味

都合がよいこと、役に立つこと

用例「なかなか便利な時代である」

べんりは、「便利」と書く。

当て字ではなく、もともと中国からやってきた言葉だ。

この便とは「人」に「更」と書くが、更はムチを打つという意味。なので、もともと「人にムチを打って都合よく扱う」ことから来ているらしい。怖すぎだ。

この、「人にムチを打つ」の部分が抜けて、便には「都合がいい」という意味が残った。

転じて、「都合よく利用する」「簡単に利用できる（たやすい）」という意味になり、「便利」「不便」「郵便」などの言葉が生まれた。

「便所」のようにトイレまわりのことにも使われるが、なぜ便が「出すもの」になったのかはよくわからない。

中国の古典にも用例があり、日本独自の使い方というわけではないらしい。

一説には、「出ると好都合、出ないと不都合だから」という解釈がある。うまい。

気になる関連語

かんたん／簡単

簡単も漢語からきた言葉。「簡」とは、古代中国で簡易的に文字を書くために使った札のこと。この簡と「１つだけで手間がない」を意味する「単」とくっつき、「簡単」となった。

NIHONGO
GOGENZUKAN
21

なるほど

naruhodo

意味

相手の言葉に納得・共感を示す

用例「なるほどなるほど、なるほどですねぇ〜」

「なるほど」。

相づちの定番の言葉だが、もともとは相づちのための言葉ではなかった。

本来は「できる限り」（なるべくほど）という意味で使われてきた。

ただし、この意味での使い方は「なるべく」「なるたけ」という言葉ができ、とって変わられる。

その結果、なるほどは「できる限りやったのだから間違いないのだろう」というニュアンスを残し、納得や共感を示す相づちの言葉になっていったようだ。

ちなみに、「なるほどですね」と言う人もいるが、これはどうやら九州の方言らしい。

私は人の話を聞いていないときほど「なるほど」と言うのだが、みなさんはどうだろうか。なるほど。

気になる関連語

たしか

「たしか」とは、「真実があり、しっかりしている」「心にスキのない様子」として古代から使われ続けている歴史ある言葉。でも、「たしかに〜⤴」と語尾を上げるとテンションアゲアゲな感じになる。

NIHONGO
GOGENZUKAN
22

イライラ・ムカつく

iraira・mukatsuku

意味
不快なことがあって腹が立つ
用例「ムカつく野郎だ。表へ出な」

イライラするわぁ……と、あった出来事を思い出してまたイライラする。無間地獄である。そんなイライラ。

実は、鎌倉時代（13世紀）から使われている言葉だ。

ただし、当時は意味がちょっと違う。この「いら」とは何かというと、「トゲ」のことだ。

だから、もとは「トゲのある植物」などを表現する言葉だったが、「トゲに刺された痛み」や「トゲが刺さったような精神的なダメージ」のことも言うようになった。

一方、似た言葉のムカつく。「むか」は、「胃がムカムカする」と今でも言うように、不快感をあらわすオノマトペ。転じて、「怒りたくなるような不快感」を「むかつく」と言うようになった。実は江戸時代から使われている。

「腹が立つ」はさらに古く、平安時代からある表現。「腹を据える」「腹を切る」などのように、感情や生命に直結する場所として腹は使われてきた。ちなみに、「腹を切る」には、もとは「笑い転げる」という意味もあった。

気になる関連語

おこる／怒る

「怒る」とは、実は「起こる」から派生した言葉。「火が起こる（大きく燃え広がる）」というイメージから、江戸時代に入って「腹が立つ」の意味で「おこる」が使われだし、「怒る」の字が当てられた。

NIHONGO
GOGENZUKAN
23

やはり

yahari

意味

時間が経っても変わらないこと、思ったとおり

用例「やはりあの方、達人だった」

やはり。

現在ではもっぱら「思ったとおり！」という意味で使われるが、もともとの意味は「動かさずにそっとしておくこと」「静かにじっとしている様子」のことをいった。

そこから転じて、「時間経過しても変わらない」＝「やっぱり同じ」という意味で使われるようになる。

その語源は、「やはら」にある。古語では「静かに」「そっと」という意味だ。

柔道の「柔」＝「やわら」と同じなのかなと思いきや、柔の語源はまた別らしい（→「気になる関連語」参照）。

ちなみに、似た言葉で「やおら（ゆっくりと動きはじめる様子。おもむろに）」もあるが、こちらは同じ語源だと考えられている。

漢字では「矢張り」と書くが、これは当て字。

文章に書くときは「やはり」だけど、口にするときは「やっぱり」になる。これも言葉の不思議だ。

気になる関連語

やわらかい

「やわらかい」は「やわやわ」が語源で、状態をあらわすオノマトペから生まれた言葉。柔道のやわらは、江戸時代初期の武術家が言った「柔よく剛を制す」からとられたらしい。

NIHONGO
GOGENZUKAN
24

せつない

setsunai

意味

胸がしめつけられるような気持ち

用例「恋《いと》しさとせつなさと心強さと」

「せつない気持ち」と言えば、文学や歌詞などには欠かせない重要な感覚の１つである。

「せつな（瞬間）」からきたものかと思ったが、違った。

その語源は、「切（せち・せつ）」だ。

「切に願う」「切実」の「せつ」である。せつは「強い思い」をあらわす言葉で、ここに「ものごとの限度がない」ことをあらわす「なし」がついた。

室町時代から使われている言葉で、もとは「大切に思う」「親切」などの意味で使われていた。

しかし、時代とともに「苦しい」という意味合いなども足されていき、現在にいたる。

ちなみに、「心」とはどこからきているかというと、「凝る」が語源らしい。

お腹の中にある「凝りもの（かたいもの）」＝「臓器」を指す言葉だったが、転じて感情などをあらわすようになった。「志」は、「心の指す方向」が語源だ。

気になる関連語

いとしい／愛しい

古語では「いとほし」と言い、もとは「困った、苦しい」の意味だった。その後、そんな困った人を同情する気持ちが加わり、転じて、「相手を慕う感情」を言うようになった。

NIHONGO
GOGENZUKAN
25

昨日・今日

kinou・kyou

意味

1日前（昨日）、今この日（今日）

用例「昨日のことを思い出すと、恥ずかしい」

昨日、今日。あたりまえのように使っている時間の感覚だ。

昨日と今日は、昔「きのふ」「けふ」と言った。

まず、「きのふ」の「き」は「来る」に由来すると言われている。

昔、過去のことを「こしかた」、去年を「こぞ」と言ったが、それと同じ「こ（来）」だ。

そして、「ふ」は、「日」のことだと考えられている。

つまり、「来た日」で「昨日」となる。

一方、けふ（今日）の「け」は「此（こ）」が由来だと言われている。あの・この、の「こ」だ。

たとえば今朝も「此朝（こあさ）」＝「この朝」から来ているとか。

なお、「今」の字は「瓶のフタ」や「壺型の器」を意味している。

実は時間を指す「いま」とは意味的には関係なく、「仮借《かしゃ》」といって、仮に当てたもの。それがそのまま現代まで使われている。

気になる関連語

一昨日／おととい

もとは「をとつひ」と読み、「遠い日」を意味した言葉。万葉集にも使われていた。転じて、「昨日の前の日」を言うようになった。今でも「おとつい」と言うこともある。

NIHONGO
GOGENZUKAN
26

明日・あさって

asu・asatte

意味

1日あと（明日）、2日あと（あさって）

用例「明日の自分に、もうぜんぶ任せよう」

明日は休みだ！……の明日。「あす」とも「あした」とも読むが、もとの意味が実は微妙に違う。

あすは「次の日」を意味するが、あしたは「夜が明けた朝」を意味した言葉だった。

その昔、夜は「ゆうべ→よい→よなか→あかつき→あした」と、細かく表現が分かれており、「あした」とは「夜が明けて朝になること」を意味した言葉だったのだ。

ただし語源はどちらも同じで、あす・あしたの「あ」は、「明ける」だと考えられている。

一方、「あさって」は明日が転じた言葉。「あすさて」の略だという説がある。

ちなみに、一般的にあさっての次の日を「しあさって」、その次の日を「やのあさって」と言うが、地域によっては逆の場合もある。

しあさっては鎌倉時代から使われている表現で、やのあさっての「や（弥）」は「ますます」の意味。

気になる関連語

ごあさって・ごのあさって

ごあさってとは、今日から４日後のこと。「やのあさって」と同じ意味。主に関西で使われる表現。「しあさって」→「ごのあさって」と、四と五が語源になっているとか。

NIHONGO
GOGENZUKAN
27

寝巻き

nemaki

意味

寝るときに着る服、パジャマ

用例「寝間着になったら、美容タイム」

寝巻き。夜眠るときに身につける服である。パジャマやナイトウェアと言ったりもする。

どうして、「巻き」なのだろうか。それは、「布を巻きつける」という言葉が語源になっている。

昔の人が実際どう寝ていたのかはわかっていないらしいが、着物とは別に着るものがあったのかもしれない。

「寝間着（寝る部屋で着るもの）」という表現もあるが、言葉の歴史としては「寝巻き」のほうが古い。

なお、パジャマの語源は実はインドにある。パジャマは、インドの言語の1つ「ウルドゥー語」の、「足」と「衣服」という言葉が合わさって生まれた言葉で、ゆったりとしたズボンのことを言う。20世紀初頭にこのズボンが西洋に輸入され、寝るとき用の「パジャマ」として定着していったという

ちなみに「ネグリジェ」や「ガウン」も、もとは東洋が起源で、西洋に輸出された文化である。

気になる関連語

パンツ

パンツは、英語の「pants」が由来だが、この「pants」とはさらにフランス語の「pantalon（パンタロン／女性のズボン）」からきた言葉である。イギリスでは下着の意味もあり、日本もそれに習ったとか。

NIHONGO GOGENZUKAN

28

好き・嫌い

suki・kirai

意味

心ひかれ、気に入る（好き）

心ひかれず、気に入らない（嫌い）

用例「好きと嫌いは紙一重だ」

いやよいやよも好きのうち。なんて言ったり言わなかったりするが、好き・嫌いにはどんな由来があるのだろうか。

まず「好き」は、「次（つ）ぐ」「吹（す）く」が変化したものだと考えられている。

その意味は、「ぴったりとくっつく」。転じて、その気持ちを好きと言うようになった。茶道でいう「数寄」も「好き」から派生した言葉で、数寄は当て字だ。

一方の、「嫌い」。その語源は「切る」だと考えられている。実は昔、「きらう」は「切り捨てる」という意味で使われていたらしい。つまり、「あんたなんて嫌い」は、「あんたなんて切り捨てる」ということ。絶対に言われたくない言葉である。

なお、「好」の字は「子どもを抱く女性の姿」で、「嫌」は「不満足」「不十分」を意味する漢字だ。どちらも不思議と「女」の字が入っている。漢字ミステリーである。

気になる関連語

恋

恋も万葉集の時代からある言葉で、もとは土地や自然などを慕うことも「こふ」といった。ちなみに「恋」の字は「心が乱れて思い切りがつかないこと」を意味する。まさに恋である。

NIHONGO GOGENZUKAN

29

上手・上手い

jouzu・umai

意味

技術が高く、優れていること

用例「うまいことやっておいてください」

上手は、「じょうず」とも読むし、上手いと書いて「うまい」とも読む。ややこしい。自分が日本語を学ぶ人だったら頭がおかしくなりそうだ。

どうしてこうなったのかと言うと、実は「じょうず」と「うまい」は、そもそも由来の違う言葉だった。

「じょうず」は、「上手（じょうしゅ）」という漢語が由来の言葉。才能がある人、という意味だ。

一方「うまい」は、「味がおいしい」（＝うまし）が由来で、果物が「熟（う）む（＝熟す）」からきている。

しかし、時代とともにうまいには味以外にも「ものごとが都合よくいく」「好ましい」「巧みにものごとを進められる」などの意味が足されていった。

その中で「上手」と同じ意味を「うまい／上手い」とした。つまり、「上手い」はあとに生まれた当て字なのだ。

だから、うまいの反対は「まずい」。上手の反対は「下手」と別々なのである。上手に説明できたかな。

気になる関連語

下手

へたは、「端のほう」が由来の言葉。そこから転じて「劣る」の意味になったという。「ほっぺた」「地べた」のへたも、語源は同じである。ちなみに、「ベタ塗り」のベタは「すきまなく」を意味する言葉。

めんどくさい

mendokusai

意味

わずらわしい、やっかい

用例「うわ。このひと、めんどくさい……」

めんどくさい人……。と、言われるのは結構つらい。

いや、幸い面と向かって言われたことはないが、言われたらきっとショックで寝込んでしまう。そんな、いろいろとおそろしい言葉「めんどくさい」。

実は起源は、「目」にあると考えられている。

「めだく」という言葉があり、「見苦しい」という意味で平安時代から使われてきた言葉だ。

「だく」は「だくな」「だうな」という形で使われ、「ムダに時間を使う」ことを意味する。

転じて、わずらわしさをあらわす「めんどう」が生まれたと考えられている。江戸時代から使われている言葉だ。

では、めんどくさいの「くさい」は何かというと、そのまま「臭い」からきているらしい。

今でも何かの予感がすることを「におうぞ」「○○くさい」と言うが、そのような意味で、「辛気くさい」や「照れくさい」など、接尾辞として使われるようになった。

気になる関連語

やっかい

「やっかい」は、「世話をすること」「めんどう」の意味。漢語の「厄会（災難にあうこと）」が由来、あるいは「家で面倒を見る」という意の「家抱（やかかへ）」から転じてた言葉だという説がある。

NIHONGO
GOGENZUKAN
31

まじめとマジ

majime-to-maji

意味

本気なこと、誠実なこと

用例「それ、マジで言ってる?」

まじめも、「目」がもとになった言葉。

「まじまじとした目つき」が語源だと言われている。

「まじまじ」というのは、目のまばたきを意味する。本気でものごとを見極めようとする姿から生まれた言葉だ。

漢字では「真面目」と書くが、「しんめんもく」とも読み、「人やものごとの本来の姿」という意味の言葉でもある。

まじめに「生（き）」の字をつけて「生真面目（きまじめ）」になると、「融通がきかない」の意味になる。生醤油《きじょうゆ》などの「き」で、手を加えていないという意味だ。

現代でおなじみの「マジ」も、実は「まじめ」を省略した表現だと言われている。

「まじ」は、江戸時代に書かれた『にゃんのことだ』という本の中で登場して以降、よく見られるようになったという。それマジ？である。

『にゃんのことだ』は遊女をネコにたとえた洒落本で、本書のようにネコは登場しないらしい。

気になる関連語

ガチ

ガチとは「がちんこ」の略で、「八百長ではない真剣勝負」という相撲の世界からきた言葉。力士の頭がぶつかり合う様子が語源となっている。現代では「本気」に「マジ」「ガチ」とルビをふったりする。

NIHONGO
GOGENZUKAN
32

ちゃんと・ちょうど

chanto・choudo

意味

規範どおり正しい、整っていること、ぴったり

用例「ちょうどパンツがあって助かった」

「ちゃんと取れよー！」。昔、町内会の野球に参加したとき言われた。以来、二度と野球はしていない（私は打たれ弱かった。野球なだけに）。

この「ちゃんと」は、江戸時代から使われている言葉だ。意味は現代と同じだが、ほかに「さっと動く」のような、動作の素早さのことも言ったりした。

では、この「ちゃん」は何なんだろうか。

「ちゃん」は、ものとものとが合わさったときのオノマトペである。たとえば「がっちゃんこ」などと言うように、ぴったりはまる様子を言い、「ちゃんと」は「きっちり」という意味を持つようになったと考えられている。

「ちょうど」も実は同じ語源で、「ちょう」も、もの同士がぶつかったときのオノマトペ。

「ちょうど」は15世紀から使われていて、ここから「ちゃんと」が生まれたのでは、という説もある。

気になる関連語

しっかり

語源は、「しか（確）」＋「と」で、「間違いなく」などの意味。このしかとを強めた言い方が「しっかり」である。ちなみに、人を無視する「シカト」は花札の絵柄が由来で、昭和30年代から使われている言葉。

NIHONGO
GOGENZUKAN
33

おまえ・あなた

omae・anata

意味

敬意のない二人称（お前）

敬意のある二人称（あなた）

用例「あなたにだけは『お前』って言われたくないわ」

「おまえ」は相手のことを指し、対等、あるいは目下の人に対して使われるのが一般的だ。

だが語源をたどると、真逆の意味を持つ。本来「おまえ」は、「神仏や高貴な人の前」（＝「御前」）を指した。

それが相手のことを直接指す二人称となり、江戸時代の前半までは最上級の敬意を込めた表現だった。

だが、時とともに敬意のレベルが下がり、明治の頃には今のように使われるようになった。

一方、「あなた（彼方）」は、もとは「遠いものや方向」を示す言葉だった。「かなた」が「あなた」となり、江戸時代の中頃から二人称を指す言葉になったという。

ちなみに、三人称の「やつ」は「やっこ（家つ子）」が語源で、「最下層の召使い」「下級武士の奉公人」を指した言葉。冷ややっこの「やっこ」もここからきている。

漢字で「奴」と書くが、この字も「さらわれてつかまった女性」をあらわす文字で、歴史の暗部を秘めた言葉だ。

気になる関連語

あいつ

あいつとは、「あやつ」が転じた言葉で、「彼奴」と書く。同じように、「そいつ」「こいつ」も、「そやつ」「こやつ」が語源の言葉だ。ちなみに「どいつ」は「何奴」と書き、「どやつ」が転じたもの。

NIHONGO
GOGENZUKAN
34

高い・安い

takai・yasui

意味

他と比べて上にある、度合いが大きいなど（高い）

他と比べて価格が低い、価値がない（安い）

用例「高く見える、安いものを買いなさい」

高いと安い。値段をあらわすこの言葉は、いつ頃からあるものなのだろうか。

まず、高い。値段に限らず、「高い⇔低い」と、さまざまなものごとの比較に使われているが、最初は空間的な位置をあらわす言葉として使われた。

同じ音を持つ「丈《たけ》」、「竹」、「岳《たけ》」、「茸《たけ》」はすべて同じ言葉だったと考えられている。

平安時代には「身分が高い」という意味でも使うようになり、その後、値段が高いことを「高直（こうじき）」と表現する言葉が生まれた。

一方、安いは、もともと「やすし」「やすむ」を語源にした言葉だと考えられている。

「やすし」とは、「心が穏やかで不安のない状態」を言う。

ものの価格が安いと、不安がなく安心。そんなところから生まれた表現だと考えられている。

気になる関連語

たかが知れる

「たかが知れる」とは、「程度が知れて大したことない」という意味。このたかは「高」と書き、ものごとの程度（数や量など）の総量・上限をいう。全体が見通せれば、安心。そんな意味から生まれた言葉だ。

NIHONGO
GOGENZUKAN
35

ピンキリ

pinkiri

意味
最上のものから最低のものまで
用例「値段はピンキリ、イイものアルよ」

ピンキリとは、正式には「ピンからキリまで」で1つの言葉。「一番いいもの（ピン）から、もっとも低いものまで（キリ）」という意味だ。江戸時代から使われている。

このピンは、ポルトガル語で「点」を意味する「pinta」が由来。サイコロの1の目は「●」＝「点」であらわすので、「pinta」を略して「ピン」と呼ぶようになった。

一方、「キリ」は定かではなく、同じくポルトガル語で十字架を意味する「cruz（クルス）」がなまったものと言われたり、「切りがない」（＝際限ないこと）の「きり」ではないかという説もある。

ちなみに、「ピンはね」のピンもピンキリが由来。もうけの一部を盗むという意味だ。「ピン芸人」の「ピン」もこのピン。

一方、「ピンボケ」は由来が違い、こちらはオランダ語の「brandpunt（＝「焦点」の意味）」からきている。後半の「punt（プント）」が「ピント」になったらしい。

気になる関連語

さんぴん

サイコロの３と１のこと。転じて、年間の収入が３両１分だった下級武士を「さんぴん侍」、「さんぴんやっこ」といってバカにした言葉。ちなみに沖縄の「さんぴん茶」は中国語が由来で、実はジャスミン茶のこと。

日本人の知らニャい単位の話

日本には、「尺貫法」という伝統的な単位がある。長さを「尺」、容積を「升」、質量を「貫」と表現する独自の単位だ。戦後、1959年に廃止されてメートル法に変わったが、「尺」や「寸」は大工さんが今でも使ったり、家の面積などをあらわす「坪」や、日本酒の「1合」などもこの尺貫法の考え方。そんな単位をまとめてみました。

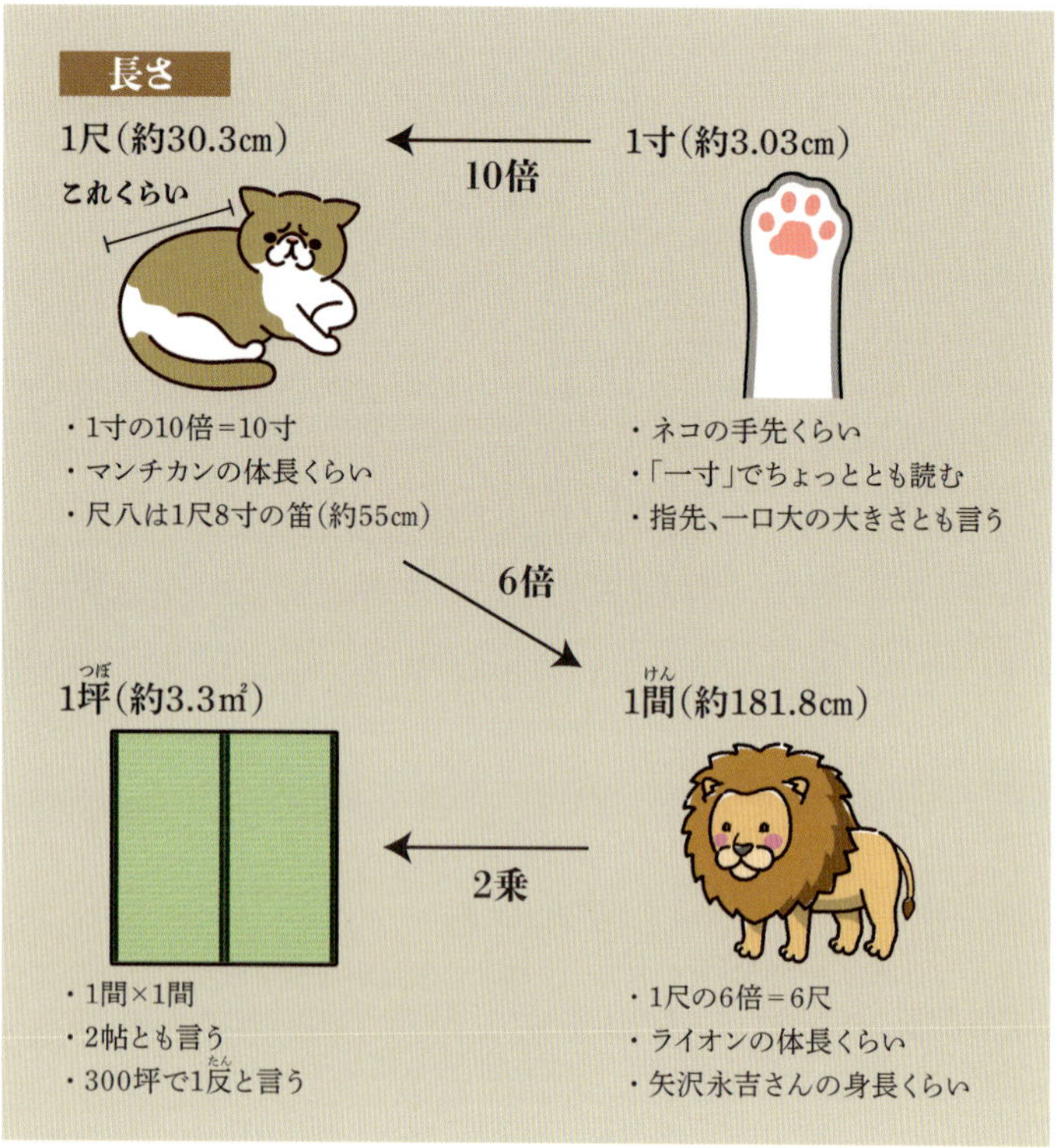

重さ

1匁《もんめ》(3.75g)

・1文銭と同じ重さ
・今でいうと5円玉と同じ重さ

1両(37.5g)

・1匁の10倍=10匁
・19世紀前半は1両で団子1625本買えた
・団子1本80円とすると1両は13万円

1斤《きん》(600g)

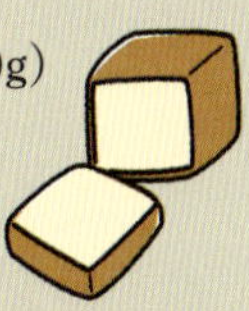

・1両の16倍=16両
・明治時代、食パンは1袋「1ポンド」で売られるのが一般的で、このポンドを「斤」に置き換え、斤で数えるようになった

1貫《かん》(約3.75kg)

・1斤 の6.25倍 で、1両 の100倍=100両
・寿司の単位でもあるが、諸説あり理由は不明。寿司2つで1貫と数える場合もある

容積

1合(約180mℓ)

・お米でいうと約150g
・お酒でいうと健康的な量

1升(約1.8ℓ)

・1合の10倍=10号
・酒飲みには欠かせない
・一升瓶は1901年誕生

1斗(約18ℓ)

・1升の10倍=10升
・お酒でいうとアンドレ・ザ・ジャイアントが飲む量
・一斗缶はアジャコングの使う凶器

1石《こく》(約180ℓ)

米俵2.5個分

・1斗の10倍=10斗、100升
・昔は1人が1年で食べるお米の量(約150kg)で、国力の指標として使われた
・百万石は100万人を養えるという意味

ネことわざ その三

猫糞《ねこばば》をきめこむ

意味

悪事を隠し、知らんぷりすること。
盗みを働くこと。

ネコがトイレのあと、砂をかける様子から生まれた言葉。これを省略して「ネコババ」と言うようになったらしい。我が家のネコはなぜかまったく隠さない。隠してくれ。

NIHONGO GOGENZUKAN

PART

は

時代の中で生まれた ナウな言葉

言葉は、社会背景や、そのときの人々の感情によってあたらしく生み出されることがあります。
「ナウい」とか、「トレンディー」とか、「スケバン」とか……ここではそういうのは紹介しませんが、もうちょっと古くからある言葉を紹介していきます。

ナウい：「now」に「い」を足した言葉。
トレンディー：「trendy」で「最先端」の意味。
スケバン：不良少女のこと。
いずれも1980年代あたりに流行りました。

NIHONGO
GOGENZUKAN
36

やばい

yabai

意味

危ないことが予想される状況

用例「やばい！ 見つかった！」

やばいと言えば、いまや万能な言葉。

もともとは「危ない状況だ！　やばい！」という意味で使われてきたが、「やばい！」という心のドキドキの部分が拡大解釈されて、いい意味にも使われるようになっている。

言葉の乱れの代表格として槍玉に挙がるが、「やばい」自体、最近できた言葉というわけではない。

江戸時代に書かれた「東海道中膝栗毛」にも「おどれら、やばなことはたらきくさるな」と書かれており、実はそこそこ歴史のある言葉である。

その語源は、江戸時代の「矢場」。的をめがけて矢を射る、ダーツのような遊び場のことである。

ただしこれは表の顔で、裏では売春などが行われていたらしい。転じて、危ないものごとを「やばなこと」というようになったという。

やばの裏には、心のドキドキがあるのだ。

気になる関連語

しゃばい

1980年代に流行った言葉。「シャバ（娑婆）」から生まれたアウトローな言葉で、「ダサい」「イケてない」的な意味。娑婆はもとは仏教語で「苦しみや煩悩の多いこの世」の意味。

NIHONGO
GOGENZUKAN
37

きみとぼく

kimi-to-boku

意味

相手のことを指す二人称（きみ）

自分のことを指す一人称（ぼく）

用例「ツレとパシャリ。 ＃君と僕」

君と僕。この表現がもしもなかったとしたら、J-POPの歌詞の世界はかなり演歌的になっていたかもしれない。だいたいの曲が「あんたと私」になってしまう。

君の語源は、「君主」にある。その土地の王のことだ。

そこから転じて、主に女性が男性を呼ぶときに使う言葉として、奈良時代から使われてきた。万葉集には多くの「きみ」を使った和歌が収録されている。

しかし、なぜかだんだんと使われなくなっていく。

「君」の表現が突然復活したのが江戸時代の末期のこと。幕末の時代にあらわれた志士たちが自分のことを「僕」と言い、相手のことを「君」と言うようになったのだ。

以後、「君」と「僕」はセットとなり、文芸の世界には欠かせない表現の1つとなった。

ちなみに「僕」は、「下僕」というように、自分をへりくだっていう言葉である。その昔は、「僕」と書いて「やつがれ」と読み、男女どちらも使う一人称だった。

気になる関連語

おれ

「おれ」とは、「己（おのれ）」の略だと言われ、昔は相手のことを指す二人称だった。自分のことを「おれ」と言うようになったのは中世からで、男女問わず使った。今でも地域によっては女性も使う。

NIHONGO
GOGENZUKAN
38

野暮

yabo

意味

洗練されていない、気がきかない

用例「今日、野暮ったい植木を処分した」

野暮ったい。

なんとなくのイメージで使っている言葉ではあるが、果たしてもともとどんな意味があったのだろうか。

野暮の語源は、「野夫（やぶ）」にあると言われている。

野夫とは、「田舎者」という意味。

「野暮」や「野夫」は特に江戸時代に見られる表現で、「田舎っぽくて洗練されていない」という意味がある。

背景には、「粋」の概念がある。しゃれている、色気がある、という意味で、漢語の「意気」から生まれた言葉である。京の「粋（すい）」、江戸の「粋（いき）」と言われ、上方と江戸で読み方も概念もちょっと違う。

そうして粋がもてはやされたなかで、対義語として「野暮」が頻繁に使われるようになったというわけだ。

ちなみに、「藪医者」のヤブも、同じく「野夫」からきているのではと言われている。「田舎者のさえない医者」という意味だ。

気になる関連語

ダサい

ダサいは、「野暮」と同じ意味。その語源は「ムダ」＋「くさい」の略とか、「田舎」を「だしゃ」と読んで、「だしゃ」＋「くさい」など諸説ある。1970年代にできた言葉である。

NIHONGO
GOGENZUKAN
39

わんぱく／腕白

wanpaku

意味

わがままで言うことを聞かない子どものこと

用例「わんぱくなパグとドライブ」

わんぱくは、「腕が白い」と書く。

どういうことだろう。色白の横綱でもいたのだろうかと思ったら、どうやら当て字らしい。

わんぱくは、少なくとも江戸時代には使われていた言葉だった。特に男の子が元気すぎることを言う。

語源は諸説あるが、「関白」からきていると言われている。

関白とは、朝廷で天皇を補佐する、右腕のような立場。実質的な国の№２である。

つまり、とんでもない権力者。転じて、わんぱく者というわけである。

昔、関白は「くわんぱく」と読まれてきたが、のちに読み替えられて、「わんぱく」となったのではと考えられている。

気になる関連語

おてんば／お転婆

「おてんば」は、やんちゃな女の子に使われる言葉。ただ、「てんば」がなんなのか、語源はまったくわかっていないらしい。「転婆」も当て字なので、「お婆さんが転ぶ」こととは関係ない。

NIHONGO
GOGENZUKAN
40

すっぽかす

suppokasu

意味

すべきことを放置する、約束を破る

用例「青年は、昨晩のデートをすっぽかされたのだった」

「約束をすっぽかしてしまった……」

20代の頃、何度かやったことがある。実は最近もあった。ほんと、その節はすみませんでした。

そんな、社会人がやってはいけない「すっぽかす」。

「すっぽかす」自体は19世紀後半頃から見られる、比較的あたらしい言葉である。

「約束を破る」という意味だが、語源は「ほかす」にあると考えられている。

ほかすは主に関西で使われる方言で、「捨てる」などの意味で使われている。

子どもの頃、「それほかしといて」と言われて、意味がわからずぽかんとした記憶がある。

この「ほかす」の語源をさらにたどると、「放下（ほうか）」が由来とされている。「放り捨てる」という意味だ。

ほうかほうかほうか。

気になる関連語

ぽか

「うっかりミス」のことを「ぽかした」などと言うが、もとは囲碁用語として生まれたもの。「ありえない手を打つ」ことの意味。ただ、そのことをなぜ「ぽか」と言うのかは不明。不思議だ……。

NIHONGO
GOGENZUKAN
41

素人《しろうと》と玄人《くろうと》

sirouto-to-kurouto

意味

ある分野に詳しくない人（素人）

ある分野に詳しい人（玄人）

用例「素人と玄人が何かを言い合っている」

「これだから素人は……」

と、あまりいい意味では使われないこの言葉。

その語源は「しらひと」である。

「知らない人」かと思いきや、そうではなく、「しら」は「白」のことを意味する。

白とは、色をつけていない状態。

転じて、素人は「未経験者」などの意味になった。室町時代の初期（１４００年頃）に世阿弥が書いた『風姿花伝』にも「素人老人」という言葉がある。

この言葉に対して生まれたのが「玄人（くろうと）」。

アマチュアの「素人」に対して、プロを意味する言葉だ。このくろも、色の「黒」から生まれたもの。

ちなみに、本職の人が驚いて逃げ出すくらい技術や知識を持っている人のことを「玄人はだし」という。プロも裸足で逃げ出すほどすごい、という意味だ。

気になる関連語

しらふ／素面

「しらふ」とは、お酒を飲んでいない人のこと。江戸時代から使われている言葉で、「しら」は素人と同じ白。「ふ」は「ふり」や「風」などが語源と言われている。「白面」とも書く。

ふつう

futsuu

意味

ありふれていること、一般的

用例「これが、俺にとってのふつうさ」

ふつうは「普通」と書き、「普」は「広くいきわたること」、「通」も「いきわたること」を意味する漢字。

同じ意味を持つ２語が合わさった言葉で、中国からやってきた「漢語」っぽい気がするが、実は日本オリジナルの言葉。少なくとも中世から使われている。

明治時代には政府も公文書などで使うようになり、市民権を獲得していった言葉だ。

ちなみに普通に似た言葉の「普遍」（＝広くいきわたること）は漢語由来。

ところで、「普通でない」ことを「特殊」「特別」というが、これらも明治以降によく使われだした言葉である。

同じ意味のことを、その昔は「ことに」「ことなり」といって表現していた。

ちなみに２０００年以降、「ふつうにおいしい」など、「ふつうに○○」とよく表現するようになった。ふつうであることが大事な時代だったのかもしれない。

気になる関連語

当座

当座とは、「その場」「しばらくの間」を意味する言葉で、現代では銀行の「当座預金」でよく使われる。一般の「普通預金」に対して、当座預金は手形・小切手の支払いに使われる特殊な預金口座のこと。

NIHONGO
GOGENZUKAN
43

めちゃくちゃ

mechakucha

意味
理屈や道理に合わない、度が過ぎているさま
用例「彼はめちゃくちゃ優秀なハンター」

「めちゃくちゃじゃないか！」

飼っているネコが、ちょっと目を離したスキに、資料の辞書をガリガリに破いていた。

このように、「わけがわからないほどひどい状況」を「めちゃくちゃ」と言う。

最近できた言葉というわけではなく、17世紀後半、江戸時代にはすでに使われていたらしい。

めちゃくちゃは、「めた」が語源だと言われている。「やたら」という意味の言葉だ。

これが「めった」→「めっちゃ」に変化し、のちに「くちゃ」が付け足された。

この「くちゃ」には深い意味はなく、単に音を整えるための言葉だと考えられている。ぺちゃくちゃと同じ、くちゃである。

滅茶苦茶も目茶苦茶も当て字で、お茶は関係ない。

ちなみに我が家は、ソファーもめちゃくちゃである。

気になる関連語

むちゃ・むちゃくちゃ

「道理に合わないこと」を言う。実は「めちゃくちゃ」よりも、この「むちゃくちゃ」のほうが先に生まれた言葉で、「むさくさ（むしゃくしゃ）」が語源ではとも言われる。無茶苦茶は当て字。

NIHONGO
GOGENZUKAN
44

すみません・ごめん

sumimasen・gomen

意味

謝罪やあいさつ、呼びかけなどに使う言葉

用例「ごめんですんだら、警察はいらないよ」

「すみません」と謝ったり、「すみませーん」と人を呼んだり。いろいろ使い勝手のいい「すみません」。

その語源は「すまない」「すまぬ」で、これらの言い方を丁寧にしたもの。漢字では「済まない」「済まぬ」と書き、「終わらない」「終わっていない」という意味になる。

悪いなぁと思う気持ちがまだ済んでいない、という意味からできた謝罪の言葉だ。

明治時代に入ってからよく使われ、次第にあいさつとしても使われるようになった。

実はこれより古い言葉が「ごめん」だ。「御免」と書き、相手に許しを得るときに使われた。

ただ、江戸時代になると「切り捨て御免」のように自分が行うことに対して使われたり、「すみません」と同じく、あいさつのように軽く使われるようにもなった。

「申し訳」はさらに古く、室町時代からある言葉で、「弁解」「言い訳」の意味として使われ続けている。

気になる関連語

ありがとう

「ありがとう」も実は江戸時代から使われだした言葉。もとは「ありがとう存じます」などと言った。ちなみに、関西の「おおきに」は「おおきにありがとうございます」の省略形らしい。知らなかった……。

NIHONGO
GOGENZUKAN
45

さぼる

saboru

意味

怠けて休むこと

用例「あれは考えてるふりしてさぼってるんだよ」

「さぼる」の語源は、知っている人も多いかもしれない。

フランス語の「sabotage（サボタージュ）」だ。

労働者が団結して仕事の効率を落とすことをいい、日本語化して「サボる」となった。大正時代から使われている。

このように、外来語が日本語になった例は多い。

たとえば、「ミシン」は「sewing machine」の略。「背広」は「civil clothe」から生まれたと言われている。

最近でも、「ディスる（disrespect）／侮辱するの意」「ワンチャン（one chance／可能性はゼロではないの意）」など、あたらしい言葉が生まれては消えていく。

逆に、日本語が海外で使われる例もあり、「nemawashi」（根回し）は海外でも通じる場合もあるとか。どうやら根回しは、日本独自の企業文化らしい（ちなみに本来の意味は、植物を移植するための準備のこと）。

では最後に、問題。雨具の「合羽（かっぱ）」は何語？

……正解は、「ポルトガル語」！　合羽は当て字だ。

気になる関連語

ポタージュ

ポタージュは「スープ全般」を指すフランス語で「pot（鍋）」が語源。スープもフランス語で、実は「パン入りのブイヨン（ポタージュの一種）」というのが本来の意味。フランスではスープを「食べる」という。

NIHONGO
GOGENZUKAN
46

おちょくる・ふざける

ochokuru・fuzakeru

意味

人をバカにする

用例「今日は朝までおちょくるぜ！」

おちょくる。この言葉自体に人を小馬鹿にしたような響きのある独特な言葉だが、使われるようになったのは最近のこと。

その語源は、「ちょくる」である。「ちょくる」は江戸時代の言葉で、「つつく」などの意味がある。

転じて「からかう」の意味になり、この言葉に「お」をつけたものだと考えられている。

さらにこのちょくるは、「ふざける」という意味を持つ古語「嘲（ちょう）くる」が語源だと考えられている。

では、「ふざける」の語源はというと、「ほざく」らしい。「勝手なことを言う」などの意味で、「ほ（言葉を述べる）」＋「ざく（さんざく＝さわぐ）」からできた言葉だ。

漢字では「巫《ふ》山《ざ》戯《け》る」と書くこともあるが、これは中国語の「巫山（男女の情事）」に「戯れ」を足した当て字。

では、さらにもう一丁。「からかう」はどうかというと、これは「からむ」が語源。もともと「からかう」は「争う」の意味で、鎌倉時代の頃に現代のように「揶揄する」という意味が生まれた。

気になる関連語

ほたえる

「ほたえる」とは、主に関西で使われる言葉。「ふざける」「甘える」というニュアンスがあり、いい意味にも悪い意味にも使う。ちなみに、「いちびる」は悪ふざけの意味。「いちびんなや」＝「ふざけるな」である。

NIHONGO
GOGENZUKAN
47

ダメ

dame

意味

よくない状態、不可能なこと

また、注意や禁止するときにかける言葉

用例「ダメーーーーーー」

「ダメよ～ダメダメ」（新語・流行語大賞２０１４より）。

このダメ（駄目）は、実は囲碁からきている言葉だ。白と黒、どちらが打っても意味のない手を「駄目」といった。

「ダメ押し」もここからきていて、対局のあとに盤面を計算しやすくするため、空間を埋めることを「駄目をさす」と言う。この「駄目をさす」と、「念を押す」の意味をかけあわせた言葉が「ダメ押し」である。

では、そもそも「ダメ」の語源は何かと言えば、「むだめ」だという説がある。

むだめとは、「むだ（無駄）」に、ものごとの度合いを示す「目（め）」をつけた言葉だ。このむだめの「む」を省略して、「だめ」になったとされる。つまり、「ムダ」から派生した言葉が「ダメ」だという説だ。

ちなみに竿秤《さおばかり》という昔の秤で、実際にものを量るときには使われない目盛りも「むだめ」と言った。秤のバランスをとるのに使ったらしい。

気になる関連語

ムダ

語源はたしかではないが、「空（むな）しい」の、「むな」が変化して「むだ」になったと考えられている。「無益なこと」の意味で、無駄は当て字。「むなしい」については150Pをご参照ください。

NIHONGO
GOGENZUKAN
48

新米

shinmai

意味

まだ始めてから日が浅く、慣れていない人のこと

用例「わかりません。新米ですから」

新米とは、仕事などに就いたばかりの未熟な状態を言う。浄瑠璃のセリフにも登場するので、江戸時代より前から使われてきた言葉である。

どうして、「新しい米」なんだろうか。

新米とはそのまま、収穫してから日が浅い米のことを意味する。転じて、ものごとに慣れていないことを新米と言うようになった。「新米はおいしいじゃないか！」と思うかもしれないが、実はそう言われるようになったのはごく最近の話。というのも、新米は水分量が多く、味が薄いもの。本来は、寝かせて味が落ちついたものを食べるのが米の醍醐味らしい（とある農家さんの談）。

もしかしたら、そんなところが由来なのかもしれない。

他に、「新前」（「前」は、半人前、男前と同じ意味）からきているという説もあるが、新前は明治以降に見られる表現なので、違うのではと考えられている。

気になる関連語

新参・古参

新米と似た言葉に「新参」がある。この参とは、「参上して仕える」ことで、現代で言う「出社」のこと。つまり、新参者とは新入社員のことで、古参者（こさんもの）はベテラン社員という意味になる。

NIHONGO
GOGENZUKAN
49

ややこしい

yayakoshii

意味

複雑、やっかい

用例「ややこしい仕事を引き受けてしまった」

「ややこしいこと言わないでくれ」と、言いたくなることはよくある。月に何度かある。

そんなややこしいだが、「ややこ」にはいったいどんな意味があるのだろうか。

ややこは、「稚児」と書く。その意味は、赤ん坊である。

つまり、「赤ん坊らしい」というのがこの言葉の語源だと考えられている。

「赤ちゃんの要求に応えなくてはならないわずらわしさ」。そんな意味が込められている。

比較的あたらしい表現で、「ややこし」という形で使われるようになったのは、幕末以降のこと。

ちなみに、「赤ん坊」の赤は、生まれたときの姿から。坊は、お坊さんのように「人」を意味する言葉だ。

「あかぼう」が、「あかんぼう」へと変化したらしい。

ややこしいことはこの辺で！

気になる関連語

稚児（ちご）

小さい子どものこと。語源は「乳子」で、乳飲み子の意味だったが、時代とともに成長した子どものことを言うようになった。寺や武家に仕える男の子も稚児といい、男色の対象にもなっていたとか……。

しくじる

shikujiru

意味
失敗する
用例「しくじった。私は逃げた。どこまでも」

しくじるは、「失敗した」「やらかした」という意味で使われている言葉だ。

その語源は、「為（し）」＋「挫（くじ）くる」だと言われ、「何かをして挫折する」という意味がある。

……だが「しくじる」に関しては、これ以上あまり話題が広がらない。……言葉の選定をしくじったかもしれない。

ということで、似た言葉の「とちる」も紹介する。

とちるは、もとは浄瑠璃・歌舞伎の世界で使われてきた言葉。「舞台で失敗すること」などを意味したが、時とともに一般的に使われるようになった。

今でも俳優さんが「セリフを間違える」などの意味で使うほか、単純に「ミスした」という意味でも使う。

その語源は「とちめく」で、「あわてふためく」ことを意味する。

さらに言うと、「あわてる」の語源は「泡立つ」で、「ふためく」は「はためく」のことだ。

気になる関連語

やらかす

「やる（＝何かを行う）」が転じた言葉で、江戸時代から使われている。当時は「飲み食いに行くこと」などを「やらかす」と言ったが、現代では「へまをやらかす」の意味で「やらかした」と使う。

NIHONGO
GOGENZUKAN
51

やけくそ

yakekuso

意味

自暴自棄、「どうにでもなれ」な気分や衝動

用例「彼はきっと、やけくそになっている」

「もうやけくそだ！」とは、どうしようもない状況で自暴自棄になることを言う。

やけは、「焼く」が語源。「焼けてしまってどうしようもない」という意味が込められており、「手を焼く」「胸を焼く」など昔から使われてきた表現だ。

ここに、強調の意味で「くそ」を付け足し、やけくそとなったと考えられている。

これとはまったく別の解釈で、「厭気（いやけ）こそ」が語源だという説もある。

いずれにせよ、江戸時代から使われている言葉だ。

なお、クソは「臭い／腐い」が語源と考えられている。「クソ野郎」のように、あるものをののしったり、語気を強めるために使われることもあるが、実は万葉集にも「クソ鮒《ぶな》」という表現がある。

そういえば、海外でも「クソ」はののしり言葉や強調に使われる。おもしろいものである。

気になる関連語

うんこ

子どもたちが大好き「うんこ」。この「うん」は「うーん」と息むことからきているらしい。あとにつく「こ」や、「ち」は、名詞にくっつける接尾語。なお、「ちん」のほうには諸説ありすぎて不明である。

NIHONGO
GOGENZUKAN
52

やまかん・やまを張る

yamakan・yamawoharu

意味

根拠のない推測、当てずっぽう

用例「やまを張って、大逆転を狙う」

やまかんは、山勘と書く。

テストのときに「やまかんで答える」とは、よく使ったものである（使ったことがある人はきっと昭和生まれだ）。

この言葉の歴史はそう古くなく、明治以降にできたものらしい。

同じ意味で「山を張る」と言ったりもする。

どうして「山」なのかというと、この山は「鉱山」からきている。

明治以降、鉱山の近代的な開拓が盛んになり、一攫千金を目指す人たちが増えた。

そこから、「ひと山当てる」と言ったり、投機的にお金儲けをする人を「山師」とも言うようになった。

実はやまかん自体、もとは「人を騙す」という意味で使われていたらしい。それくらい、鉱山にかかわる詐欺も多かったのだろう。お金儲けの流行には悪党がつきものだ。

気になる関連語

ペテン

詐欺師のことを「ペテン師」と言うが、このペテンは外来語。もとは中国語だと言われていて、詐欺を意味する「ペンツ」がなまったもの、あるいは「騙」を中国語風に読んだ言葉とも言われている。

四の五の・一か八か

shinogono・ichikabachika

意味

めんどうなことをなんやかんや（四の五の）

運任せ、のるかそるか（一か八か）

用例「そして彼は、一か八かの大勝負に勝った」

「四の五の言うな」と、使ったことはなくても、聞いたことはあるだろう。意味は感覚的にわかるが、どうして「一二」や「五六」でなくて、「四の五の」なのだろうか。

まず、この言葉は博打に由来している。時代劇によく出てくる「半か丁か？」のサイコロ博打（丁半）だ。

加えて、もう1つの理由が「音」である。

「四の五の言ってねぇで早く決めろ！」というように、サイコロの1〜6の数字の中で、4（し）と5（ご）は一音で、しかも連続している。語呂のよさで選ばれたという説が有力。たしかに博打好きが好みそうな表現だ。

ちなみに、「一か八か」も博打から来ている言葉。

昔は「一か六か」という表現もあり、そこから発展して、より語感のいい「八」が選ばれたと考えられている。

「オール・オア・ナッシング（のるかそるか）」という意味から「一か罰（ばち）か」という説、「丁半」のそれぞれの字の一番上「一」「八」をとったという説がある。

気になる関連語

丁半

丁半の「丁」は偶数で、「半」は奇数のこと。なぜそんなふうに言うようになったかというと、「偶数は丁度割れるから丁」、「奇数は半端で割れないから半」になったのではと考えられている。

NIHONGO
GOGENZUKAN
54

本当とウソ

hontou-to-uso

意味

偽りないこと、事実であること（本当）

偽りであること、正しくないこと（ウソ）

用例「本当に稼げる投資、知りたくない？」

本当とウソ。実にありふれた言葉でありながら、語源をたどってみると、実はどちらもはっきりしないところが多い、謎多き言葉である。

まずは「本当」。江戸時代に入ってから見られる表現で、その語源は「本途」にあると言われている。

「本来のみち」という意味で、漢語にもある表現だ。このように、中国由来の表現を取り入れてつくられた俗語だと考えられている。

一方、ウソ。多数の説があり、はっきりしない。

代表的なものが、「うそぶく（口笛を吹くなどの意）」や、中国語の「迂疎（ウソ／遠ざけるべきもの、の意）」が由来とされるという説。

また、「まこと（真実）をなくしている」＝「失（う）す」が転じてウソとなったという説もある。

もはや何が本当かウソかは、「あなた次第」である。

気になる関連語

謎

「なぞ」とは、「何」＋「ぞ」が語源の言葉。漢字では「謎（言葉で迷う）」と書くように、実は言葉遊びのクイズから生まれた言葉。「なぞなぞ」は、「何ぞ何ぞ」と問いかける遊びから生まれたとか。

NIHONGO
GOGENZUKAN
Column

日本人の知らニャい和製漢字の話

日本で使われている漢字は、中国から来たものをそのまま、あるいは簡略化して使っている。しかし、なかには「これ、今ある漢字じゃ表現できないぞ」という文化や風土などがあり、日本独自の漢字が生まれた。それが「和製漢字」である。

糀《こうじ》

蒸した米などにこうじ菌を発酵させた食品。米に花が咲いたように見えることからできた字。「麹」は丸く握った様子からできた。

働《はたらく》

「人」+「動」。「動」は足で地面をトンとつく様子をあらわす字で、もとは上下運動を意味した。中国に逆輸入されたとか。

榊《さかき》

サカキは古くから「神に捧げる木」で、平安時代にはあった字。常緑樹で葉が枯れないことから「栄える木」となったとも言われる。

畑《はたけ》

雑草や収穫後の作物の茎などを燃やして灰にし、土地の肥料にしたことからできた文字。知恵が詰まった字だ。

笹《ささ》

竹と分類上は同じ植物。「竹」+「世」で、「世（時代）を超えて生え続ける」ことからできたと言われる。

峠《とうげ》

山道の一番上。山の上りと下りの境界をあらわした文字。語源は「手向け（たむけ）」。峠は旅の安全を祈願する場所だった。

躾《しつけ》

「身体」を「美しく飾る」ことからできた漢字。「仕付ける」とも書き、昔は「つくる」「したてる」などの意味もあった言葉。

込《こむ》

「道の状態」から生まれた漢字で、人などがつまって通れないことなどを意味する。「辻」も和製漢字で、同じく道の状態をあらわしている。

ネことわざ その四

ネコが肥えれば鰹節がやせる

意味

一方に得があれば、
もう一方には損がある。

このことわざのように、日本の食文化とネコには魚が欠かせない存在である。実は「魚偏」の言葉はかなりの数が和製漢字である。

ここにも出てきた鰹（かつお）は、その字の通り「堅い」が語源で、「堅魚（かたうお）」が変化した言葉。万葉集からこの表現であり、「堅い」としたのは、昔から鰹節のように乾燥させて食べていたからだろうと考えられている。

鰯（いわし）も7世紀頃にはあった漢字で、縄文時代から食べられている魚。その字のごとく、傷むのが早いので「よわし」から名前がつけられたと考えれている。「いやしい」が語源だという説もあるが、これは江戸時代から広まった話だとか。

ほかに鱈（たら）、鰤（ぶり）、鱚（きす）鮑（あわび）など。いやー、海の幸ってほんといいものですね。

ネことわざ その五

ネコを追うより魚をのけよ

意味

根本の原因に対処しないと、問題は解決できない。

猫に魚が盗まれるのがいやならば、盗んだ猫を追うのではなく、見つからない場所に魚を隠せという意味。「猫を追うより皿を引け」「猫を追うより鰹節を隠せ」とも言う。

NIHONGO GOGENZUKAN

PART

に

時を経ても変わらない言葉

言葉には、歴史とともに意味が変わっていくものも多いですが、なかには、「千年以上意味が変わらず使われ続けている」言葉もあります。

平安時代や奈良時代、もしかしたらもっと前から変わらない、昔の人と会話できるかもしれない言葉。なんかそれって、すごくない?

NIHONGO
GOGENZUKAN
55

おもしろい／面白い

omoshiroi

意味

おかしくて笑えること、興味深いこと

用例「なーにがおもしろいのよ。じろじろ見ちゃって」

おもしろい。「興味深い」という意味で「万葉集」の時代から使われ続けてきた。

面が白いと書くので、てっきり狂言などからきたものと思ったが、実はそうではないらしい。語源は、「視界（面）が開けて明るく（白く）なる」こと。

一説には、「天照大神《あまてらすおおみかみ》が天岩戸《あまのいわと》に隠れていたとき、世界は真っ暗であったが、岩戸から出たときに光が差して、人々は互いの顔を初めて認識できるようになった」。この「天岩戸伝説」のエピソードが由来とも言われている。

ただし、「おかしくて笑える（滑稽《こっけい》）」の意味が足されたのは江戸時代に入ってから。

滑稽というのは、古代中国の酒器のことだ。器にお酒が絶え間なく注がれる様子を「よくしゃべる」ことにたとえ、転じて、滑稽は「笑える」という意味になったという。

気になる関連語

おもくろい／面黒い

江戸時代に生まれた言葉で、おもしろいの白を黒にするという、シャレから生まれた言葉。「おもしろくない」と、同時に「おもしろい」という意味でも使われていたという。当時の流行語だ。

NIHONGO
GOGENZUKAN
56

いそがしい

isogashii

意味

やることだらけで暇がない

用例「ごめんムリ。今日はいそがしいんだ」

いそがしいなぁ。と、月に何度かは言っている気がする。

でもその割に仕事は進まない。

「あれ、じゃあ何してたんだろうな……」とそのたび思う。そんないそがしい。

この言葉も、実は昔から変わらず同じ意味で使われてきた。

平安時代の頃にはすでに「休む暇がない」という意味だった。

その語源は、「急ぐ」だと考えられている。

この「いそぐ」も平安時代には今と同じ意味で使われており、「いそ」はものごとに精を出すことをあらわした。

勤勉な様子、よく働くことを「いそし」ともいった。

漢字の「忙」もそのまま「心が亡くなること」を意味した字で、「落ちつかない」ことをいう。

そういうわけで、昔から日本人はとにかくいそがしかったらしい。

いそがしいそがし。

気になる関連語

大変

「大変」は漢語が由来で、14世紀にはあった言葉。もとは「地震、天災などの大きな変化」を意味し、転じて「程度が大きいこと」「苦労すること」も言うようになった。

NIHONGO
GOGENZUKAN
57

恥ずかしい

hazukashii

意味

ばつが悪い、気おくれする

自分の欠点を感じていたたまれない、など

用例「恥ずかしくて、出られない」

恥ずかしい。穴があったら入りたい。しこたまお酒を飲んだ翌日、そう思ったことが何度かある。

そんな「恥ずかしい」も、実は万葉集の時代から変わらず使われ続けている言葉の1つ。

その語源は「端（は）づ」。つまり、「端っこ」からきている。世界の端っこに隠れて閉じこもりたくなるような気まずさ、他人への劣等感がこの言葉の由来だ。

他人と自分を比べてへこんだり、悩んだりするというのはいつの時代も変わらないらしい。

ちなみに、同じ意味では「てれる」もあるが、これは江戸時代に入ってからできた言葉。

その語源は「照らされる」で、芸者さんがお客に気まずい思いをさせることを「照らす」といった。

お客さん側からすると、「照らされる」であり、これを省略して「照れる」と言うようになったとか。

気になる関連語

みっともない

「みっともない」の語源は「見たくもなし（見る気にならない）」。見る気も起きないほどひどい見た目を言い、転じて「恥ずかしい」の意味として使われている。てれると同様、江戸時代にできた言葉だ。

NIHONGO GOGENZUKAN
58

ろくでもない

rokudemonai

意味

ひどいこと、まともでないこと

用例「ろくでもないご主人様だ」

ろくでもない。このろくとは、何だろう。

先に言っておくと、数字ではない。

この言葉は、「陸」という漢字からきている。その意味は、「土地がなだらかで平坦なこと」。

転じて、「まともなこと」「安心できる」「満足できる」という意味で使われてきた。

その後時代とともに、「ろく」で「なし」と否定する言葉が足された。

だから「ろくでなし」や「ろくでもない」ということは、まともじゃない。どうしようもない、とんでもない、という意味になる。

ろくでなしというと、ワハハ本舗の梅ちゃんを思い出すが、みなさんどうだろうか。わからない人は、調べてみてね。

気になる関連語

しょうもない

しょうもないの「しょう」とは、「仕様」からきている。仕様とは、説明できること。つまり、しょうもないとは、「説明しようもない○○」ということになる。

59

からい・つらい

karai・tsurai

意味

刺激的な味のこと、 ひどいことをすること

また、 ひどいことをされたときの気持ち

用例「なかなかつらい状況に追い込まれた」

辛い。「からい」とも読むし、「つらい」とも読む。

「からい」は万葉集や古事記にも出てくる言葉だ。

万葉集では「塩気が強い」ことを「からい」と表現した和歌が出てくる。一方、同時代につくられた日本書紀には「ひどい仕打ち」の意味で「からい」が使われている。

そういうわけで、「からい」＝「つらい」であり、昔から同じ意味で使われ続けている言葉だったのだ。

語源は、「気（け）苛（いら）し」（苛はヒリヒリするような痛みなどの意味）の略語ではと言われている。

ちなみに「辛」の字は、入れ墨をするときの針の形。刑罰で入れ墨をするときの強い痛みがこの字の意味である。

では、上に一本足した「幸」はどんな意味かというと、実はこれも刑罰からきている。

幸は「手《て》枷《かせ》」の形で、「手枷をはめられるだけで罰が済んでよかった」と、「マシ」的な意味がもとの漢字である。

……マジ？　幸福って、むずかしい……。

気になる関連語

あまい

「あまい」は、「うまい」から転じた言葉で、今と同じように味覚を表現した言葉。平安時代には使われており、時代が進むごとに「考えがあまい」のような意味も付け加えられていった。

NIHONGO
GOGENZUKAN
60

疲れる

tsukareru

意味

体力や気力を消耗した状態

用例「どれだけ疲れてるかは、察してください」

「お疲れさまでーす！」と、何気なく使うこの言葉。疲れのルーツをたどると、これも万葉集にたどりつく。歴史がもっとも古い言葉の１つだ。

「ツカル」といって、「人や生きものが病気や老いで弱っていく」という意味で使われてきた。

時代とともに「弱る」や「衰え」という言葉が生まれ、中世以降、現代と同じ意味で使われるようになった。

その字には「疲」や「労」が当てられ、「疲」はピンと張った皮がヨレヨレになるという意味。「労」は力を燃やし尽くすという意味をあらわす漢字である。

「憑かれる」が語源だという説もあるが、はっきりはしない。「憑」は相手によりかかるという意味の漢字だ。

ちなみに、目上の人に「ご苦労さま」と使ってはいけないという話があるが、明治時代くらいまでは「ご苦労」が「目上の人へのあいさつ」として使われていた。大正時代頃から今のように逆転していったらしい。

気になる関連語

しんどい

「しんどい」は江戸時代から見られる表現で、その語源は「心労」だと考えられている。しんろう→しんどうと音が変化し、いつしか形容詞的に「しんどい」と使われるようになったという。

NIHONGO
GOGENZUKAN
61

さっぱり・すっきり

sappari・sukkiri

意味

気持ちよく爽快、ぜんぜん（さっぱり）

よけいなものがなく、洗練されている（すっきり）

用例「風呂に入れられる理由が、さっぱりわからない」

さっぱりしてるとか、さっぱりわからないとか、使い勝手のいい「さっぱり」。

実は中世にはすでに「さっぱ」という言葉があった。「さっぱす」のように、散らかす、洗い落とすなどの意味で使われていたとか。

ここに接尾辞の「り」がつき、さっぱりとなった。

さっぱの語源は「爽やか」だ。

「さわやか」の「さわ」は、風の音のこと。「さわさわ」という音に接尾辞の「やか」（なごやかの「やか」など同じ）をつけて生まれた言葉だ。

一方、非常に似た言葉の「すっきり」は、江戸時代になって生まれたもの。

「すきと」（あとに残らない様子）が語源とされ、「すきっと」→「すっきり」に変化していったと考えられている。

すっきりしました？　それともさっぱりでした？

気になる関連語

ポン酢

さっぱり味と言えばポン酢。このポン酢、実はオランダ語が由来で、語源は「pons」（＝柑橘の果汁）。ポンスの「ス」の部分に、「酢」の字を当てた。見事な日本語化である。

NIHONGO
GOGENZUKAN
62

うるさい

urusai

意味

音や声などが大きい、まとわりついてじゃま
目について不快感がある、など
用例「食にはちょっとうるさいひと」

うるさい。清少納言の書いた「枕草子」にも出てくる言葉で、歴史は古い。

ただ意外なことに、「うるさし」とは「ものごとが行き届いて完璧な状態」のことを言った。

と言っても、「完璧すぎてわずらわしい人」というのがこの言葉の真意で、たとえば現代でも「あの人はワインにうるさい」のように、度が過ぎて一癖あることを言う。

時代とともに「わざとらしくていやみ」「感じが悪い」「数が多すぎてうっとうしい」など、あらゆるネガティブな意味が足されていった言葉である。

その語源は、「うら（心）」＋「さし」だとされ、「さし」は「狭い」の意味。一緒にいると、心が窮屈になる。そんなニュアンスの言葉だ。

漢字では「五月蠅い」とも書くが、これは明治時代にできた当て字。旧暦5月（皐月《さつき》）によくわくハエを「五月蠅（さばえ）」と呼んだことが由来となっているとか。

気になる関連語

うざい

「うざい」は、うざったいの略。うざったいは、実は東京の八王子中心に使われてきた方言で、「不快・気味が悪い」という意味。それが全国進出を果たし、ティーンエイジャーも使うほど一般的な言葉となった。

NIHONGO
GOGENZUKAN
63

におう

niou

意味

鼻で香りなどを感じること

用例「におう、におうぞ、事件のにおい」

「におう」もまた、古くから使い続けられている言葉。現代では「鼻で感じること」を「におう」と言うが、実はその語源は視覚にある。

におうの語源は「丹（に）」＋「秀（ほ）」だとされ、「に」とは赤土のこと、「ほ」は目立つという意味。転じて、「赤く目立つもの」を「におう」といったのだ。今で言う「映《ば》える」である。

「春の花 今は盛りに にほうらむ」のように、万葉集にはこの意味での「におう」が多用されている。

ただ、「鼻で香る」ほうの「におう」でも使われており、時代とともに嗅覚に限定されていったようだ。

漢字では「臭う」や「匂う」と書くが、「臭」はもともと「自」＋「犬」で、嗅覚の鋭い犬の鼻からできた漢字。一方の「匂」は日本オリジナルの和製漢字だ。

一般的に「臭」はくさいものに使い、「匂」はいい香りのものに使われている。

気になる関連語

くさい

「くさい」の語源は、「朽（く）ちる」だと考えられている。「腐る」や「クソ」なども同じ語源の言葉。ちなみに、人をけなすことを「腐す」というが、これは「人の気を腐らせる」が由来とか。

NIHONGO
GOGENZUKAN
64

むなしい

munashii

意味

空虚、本来あるべき中身がないこと

用例「これが、『むなしい』か……」

「むなしい」も、古くから同じ意味で使われてきた言葉だ。万葉集にも「世の中は空（むな）しきもの」（大伴旅人）と書かれており、感傷的な気持ちを刺激する言葉である。

むなしいの語源は、「み（身）」＋「な（無）し」だと考えられている。「中身がない」という意味だ。「外見だけで中身がない」ことから転じて、むなしいは「事実無根」「はかない」「死んで魂がなくなる」など、さまざまな意味で使われてきた。

漢字では「空しい」「虚しい」と書き、「空」は「突き抜けて穴があき、何もない様子」をあらわした漢字。「虚」も同様で、「くぼんで穴があいているさま」をあらわしている。

じゃあ、どうして「空」と書いて「そら」のことを指すようになったのだろうか……。むなしさに打ちひしがれているとき、天を見上げてみれば、わかるかもしれない。

気になる関連語

うつろ

「うつろ」とは、「空っぽ」「生気がない」などの意味で、「むなしい」と同じ意味。漢字で「空ろ／虚ろ」と書く。昔は同じ意味で「うつけ」という言葉もあり、これもやはり「空／虚」と書く。

NIHONGO
GOGENZUKAN
65

暑い・寒い

atsui・samui

意味

気温が高い（暑い）

気温が低い（寒い）

用例「暑い日は働かない。寒い日も働かない」

「暑い」。この言葉は「熱い」「厚い」と同じ語源で、「当つ（当たる、さらすなどの意）」がもとだと考えられている。ただ、詳しいことははっきりしていない。

漢字を見ると、「暑」は「日光が集中すること」で、「熱」は「火であたためること」をあらわしている。意外にも、古代中国では「温暖な気候」のことを「熱」と表現したらしい。

一方、「寒い」は「さむ（熱がさめる）」＋「さぶし（寂しい）」が語源だと考えられている。つまり、冷たいと寂しい、両方の意味を持つ言葉だ。

昔は「身はさむし」で「お金がない」ことを言ったが、現代でも「懐が寒い」「懐が寂しい」と同じ意味で使う。

漢字の「寒」は、屋根のすきまをレンガなどでふさぎ、厳しい寒さをしのぐ様子をあらわしている。

たしかに寒い日は寂しい気持ちになる気もする。猫もよく甘えてくる……生物共通の感覚なのかも。

気になる関連語

ぬるい・ぬくい

「ぬるい」も、万葉集や日本書紀に出てくる言葉。温度以外に「動作が遅いこと」などの意味もあり、転じて「軟弱」などの意味としても使われる。「ぬくい」とは兄弟関係で、どちらも「温い」と書く。

NIHONGO
GOGENZUKAN
66

父と母

chichi-to-haha

意味

男性の親、ある分野の先駆者（父）

女性の親、何かを生む人（母）

用例「我が家では、父は弱く、母は強い」

「父」と「母」は、人が最初に覚える言葉だ。

書き言葉のなかった時代から、「はは」は母のことで、「ちち」は父のことを言ったらしい。その語源は文献以前の言霊《ことだま》の世界の話になり、定かではない。

「はは」「ちち」「ママ」「パパ」のように、連続した言葉で親を呼ばせる文化はなぜか世界中で見られ、それは赤ちゃんが最初に発音できる音が「マ」や「パ」だからという説がある。

実は、母も当初の発音は「ぱぱ」だったと考えられている。「ぱぱ」→「ふぁふぁ」→「ふぁわ」→「はは」へと変わり、16世紀頃に「かか」という表現が生まれ、「お母さん」という言葉が生まれた。

一方、父の「ち」は「霊（ち）」からきているという説がある。こちらも時代とともに「てて」「とと」という表現が生まれ、ととさん、おとっつぁん、お父さんと変わっていった。

気になる関連語

じじとばば

「じじ」は、ちちに濁点、「ばば」は、ははに濁点をつけて生まれた言葉。「じーじ」「ばーば」以外にも「にいに」「ねえね」など、親族の呼び方は同じ言葉を重ねる場合が多い。これも言葉の不思議だ。

NIHONGO
GOGENZUKAN
67

男と女

otoko-to-onna

意味

ネコでいうと「オス」（男）

ネコでいうと「メス」（女）

用例「男と女のラブゲーム」

男と女。対になるものとして表現されることもあれば、相容れぬものとして表現されることもある。永遠のテーマの1つである。

歴史的には、その昔、男性のことは「ヲグナ」「オキナ」といった。

若い男性が「ヲグナ」で、老いた男性が「オキナ」である。

同じように、女性のことも「ヲミナ」「オミナ」と分けて表現していた。

しかし、いつしか男性全体を指す言葉として「をとこ（男）」が生まれる。

すると、平安時代には女性をあらわすヲミナも「ヲンナ」→「オンナ」へと変わり、女性全体を「女」と言うようになったとか。

「を」には「若い」という意味があり、ここから転じて「小川（をがわ）」「小舟（をぶね）」など小さいものにも「を（お）」をつけるようになった。

気になる関連語

乙女

「乙女」とは少女の意味で、「をとめ」と読む。もとは「をとこ（男）」と対になる関係で生まれた言葉。「をと」の語源は「をつ（＝若返る）」で、「乙」は当て字。

白・黒・赤・青

shiro・kuro・aka・ao

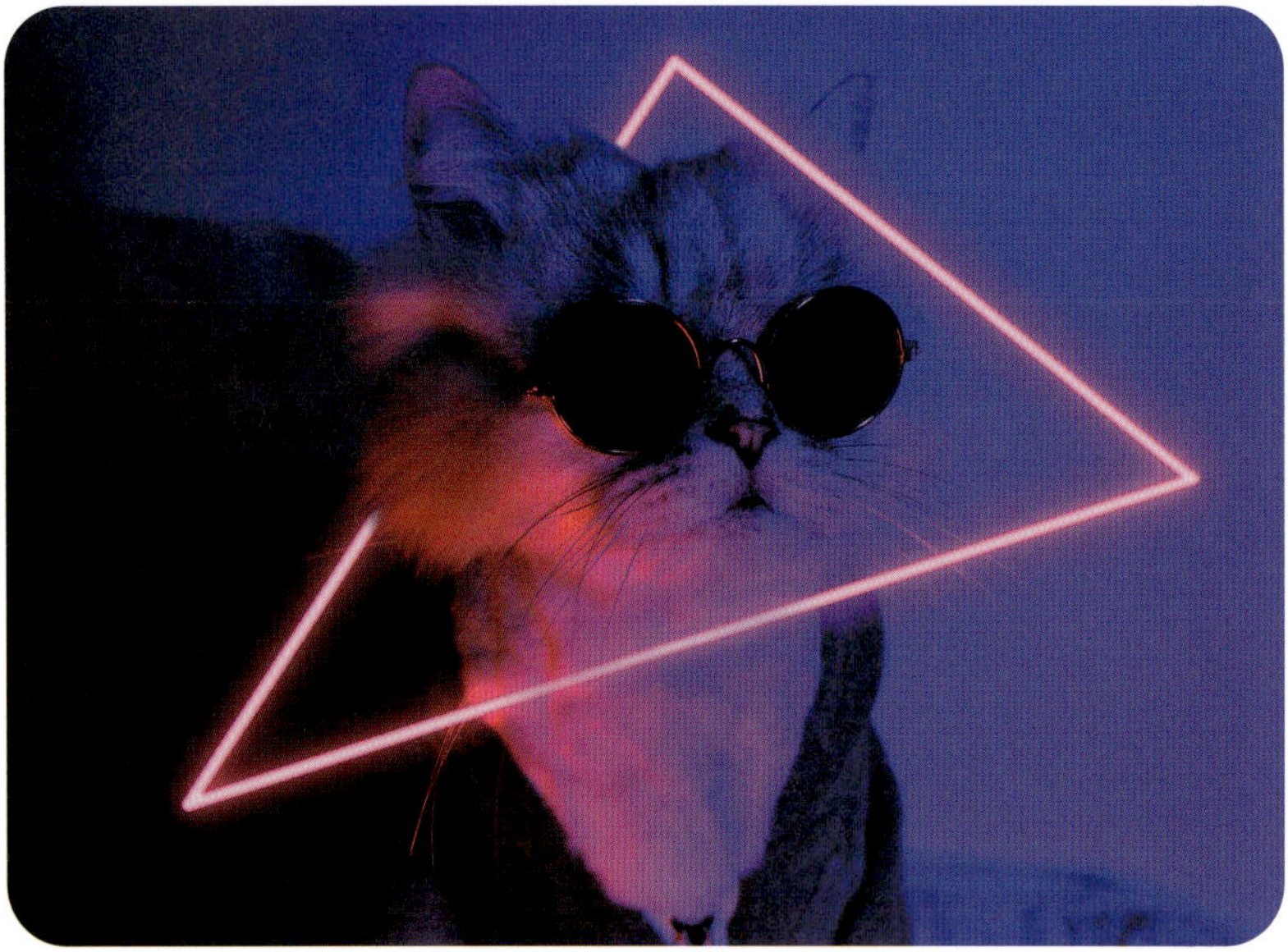

意味

雪のような色（白）、墨のような色（黒）

血のような色（赤）、空のような色（青）

用例「白、黒、赤、青、混ざったら夜の街」

現代では、色の種類は無数に存在するが、古代の日本では、色を「白黒赤青」の4つで表現していた。

まず、白。これは「著（しる）し」（＝目立つ）、あるいは「素（しろ）」（＝生地のまま）が由来とされる。

次に、黒。黒は、「暗（くら）」や「暮（く）る」に関連があると考えられている。真っ暗闇の色で、黒だ。

赤は「明」が由来で、明るいことを意味した。赤色だけではなく、人の顔色や夜明けのことも「あか」といった。

そして青。こちらも似た意味の「あおか（明らか）」が語源とされ、海や森林など生命あふれるものを青と呼び、現代でいう緑色も青の中に入った。

では、そもそも「色」の語源はというと、定かではないが、「うるわし」の「うる」などと言われている。

ちなみに、古くから「色情」のことも「いろ」というが、これは中国の影響で、「色」の漢字はそもそも人と人が交わる姿をあらわしているらしい。なんちゅーこった。

気になる関連語

黄・紫

「黄」は「木の切り口」や「光のきらめき」が語源だと考えられている。「紫」は「ムラサキ」という植物が由来で、紫色の染料に使われてきた希少なもの。「群（む）ら」＋「咲く」が語源だとか。

NIHONGO GOGENZUKAN

69

あたらしい・古い

atarashii・furui

意味

初めて、今までになかったこと（あたらしい）

年月が経っていること（古い）

用例「あたらしい移動手段の開発」

あたらしいというこの言葉。

その意味は「ＮＥＷ」だが、実は、歴史は古い。平安時代から変わらず、使い続けられてきた。

語源は「生（あ）る」で、「生まれたばかり」という意味。

もとは「あらたし」というかたちで使われていたが、「ら」と「た」の位置が入れ替わって、平安時代以降、「あたらし」となった。

ただ、今でも「あらたに」と使うように、オリジナルの形も残っている。

別の説として「当（あ）たる」＝「値打ちがある」が語源だという説もある。

対義語になる「古い」は、「経（ふ）る」が語源で、時を経るという意味。

同じ意味の言葉が「いにしえ」で、「過ぎ去った」を意味する「往（い）にし」に、方角をあらわす「へ」がついた。どちらも万葉集の時代から使われてきた言葉だ。

気になる関連語

昔

「昔」の語源は、「向かう」＋「し」。「過去に向かった」という意味である。もとは、自分が体験した範囲のことを「昔」、それ以上古いことを「いにしえ」といった。

NIHONGO
GOGENZUKAN
70

同じ

onaji

意味

別でない、 1つである

用例「社員一同、同じ方向を見ています」

以前仕事の付き合いで、いかにも高級そうなバーに連れていってもらったことがある。本当はレモンサワーみたいなものが飲みたかったけれど、そんな雰囲気ではない。

相手の社長さんがむずかしいものを頼んだので、パニックになり、とっさに「お、お、お、同じもので……」と言ったが、あの日、何を飲んだのか今でもわからない。

さて、そんな「同じ」。

この言葉も歴史が古い。万葉集の時代から意味も「同じ」。そのままずっと使われてきた言葉だ。

その語源は意外にも、「おやじ」＝「親に似ている」ではないかという説がある。「親似」というわけだ。

一方、それは無理があるだろうと、「己（おの）」＋「じ（同じくの「じ」）」＝「自分らしい」から生まれた言葉ではないかという解釈もある。

ちなみに「同」の字は、祝詞《のりと》（神への祈り）を書いた言葉を入れる器の形からきているらしい。

気になる関連語

等しい

「ひとしい」は、数字の「一（ひと）」からできた言葉。「等」は昔の中国で使われていた竹簡を意味した文字。昔は「斉（ひと）しい」とも書き、斉は印が３つそろったことをあらわす漢字だ。

NIHONGO
GOGENZUKAN
71

言葉

kotoba

意味

何かを伝えるために、口にしたり書いたりするもの

用例「言葉がなくても、伝わる気持ち（ご飯だって）」

「言葉」と何気に使っているが、そもそもこの言葉にはどんな意味が込められているのだろうか。

言葉の語源とは、「事」の「端」。「ものごと」の「端っこ」が語源だと言われている。この「ものごと」は、「事実」や「本質」と言い換えることもできる。

では、なぜ端なのだろうか。

それは、日本で呪術信仰が強かったからではと考えられている。というのも、私たちが口にすることが、物理現象に大きな影響力を持っていたとしたら、大変だ。いくらでも危険なことに使えてしまう。

そこで、あえて「端」。ものごとの一端に過ぎないという意味を持たせることで、言葉の力を弱めようとした、と考えられている。

この端が、いつしか漢字としては「葉」に置き換えられたという。

気になる関連語

言語

「言語」は平安時代にはあった言葉で、今では「げんご」と読むが、明治時代までは「ごんご」「げんぎょ」といった。「言語道断」は仏教で「言葉では説明できないこと」の意味。

NIHONGO
GOGENZUKAN
72

ねこ

neko

意味

ヤマネコが家畜化された「イエネコ」の総称。
約9500年前から人とともにいた形跡がある

用例「ネコになりたい」

ねこ。この人を魅了してやまない言葉は、いつ生まれたものなのだろうか。

ネコの「ネ」は、ネコの鳴き声からきていると考えられている。

たとえば源氏物語には、ネコの鳴き声が「ねう」と表現されている。

つまり、ネコとは、「ねうと鳴く子」の意だ。

他に、「寝る子」からきているという説もあるが、こちらは後にできた言葉遊びのようなものらしい。

漢字の「猫」は「犬（獣）」＋「苗」と書くが、苗は「なよなよとして細い」という意味を持っている。と同時に、実は中国語では「ミャオ」と読む字。なので、実は漢字も鳴き声が由来かもしれない、と考えられている。

ちなみに、「ネコをかぶる」というが、ネコは大きい動物にも果敢に襲いかかるほど攻撃的な面もある。「ネコに襲われているクマが保護された」というニュースもあるくらい。

そのギャップもまた、いとおしい。

気になる関連語

いぬ／犬

はっきりとはしないが、「イヌ」もその鳴き声からできた言葉と言われている。ワンワンではなく、「インイン」という擬声語がもとになっているとか。犬もかわいい。

NIHONGO GOGENZUKAN

Column

むかし考えたネコの本

発売未定！

「ネコとの上手なコミュニケーション」を、相撲の決まり手のように紹介していくという企画。ネタ出しがむずかしく、作家候補の方に何人あたっても連絡がつかなかったり、イラストレーターさんにも断られ続けたり、間が悪かったなーと思って一度あきらめた。

こんな本ほしいなぁと思われた奇特な方は「読者はがき」などにご記入いただけると、いつか本になるかも!?

ネことわざ
その六

横座《よこざ》に座るは ネコかバカ

意味

**空気を読まずに
上座に座れる人のこと。**

横座とは、昔の家にあった囲炉裏《いろり》のそばの一番暖かくて居心地のいい場所。つまり、「家主が座る上座」であり、そんなところに平気で座れるのは無知な人かネコくらいだという意味のことわざ。ポイントは、「ネコなら許されちゃう」というところだと思う。

さよなら

sayonara

意味

別れの挨拶、バイバイ

用例「さよニャら！ さよニャら！ さよニャら！」

別れの挨拶、さようなら。

その原型は、「さようならば」だったと言われる。

「そうならば」という意味で、「さ（然）」＋「よう（様）」＋「ならば」である。江戸時代に「さようならば」が別れの挨拶として定着し、明治頃までこの形で使われた。

その後、「ば」が省略されて、「さようなら」→「さよなら」と短くなってきた。

そういうわけで、いかがでしたでしょうか。

私自身、長いこと本の仕事をしてきましたが、正直、ここまできちんと調べたことはなく、驚くことばかり。

日本語っておもしろいなぁとあらためて感じています。

なおこの本は、複数冊の辞書をもとに制作しました。こんな情報量、どうやってまとめたの……？　リスペクトを超えて驚愕でした。

そんな無限大の言葉の世界を、少しでもおもしろいと感じていただけたなら、嬉しく思います。

それではみなさま、ごきげんよう、さようなら！

気になる関連語

またね

「また」は、「二つに分かれること」が語源で、木や人の股をモチーフに生まれた言葉。「再び」を意味する場合の「また」は「復」と書き、「もと来た道へ戻ること」を意味する漢字だ。ではまた！

クラブS

サンクチュアリ出版の
公式ファンクラブです。

sanctuarybooks.jp
/clubs/

サンクチュアリ出版 YouTube チャンネル

出版社が選んだ
「大人の教養」が
身につくチャンネルです。

“サンクチュアリ出版
チャンネル” で検索

おすすめ選書サービス

あなたの
お好みに合いそうな
「他社の本」を無料で
紹介しています。

sanctuarybooks.jp
/rbook/

サンクチュアリ出版 公式 note

どんな思いで本を作り、
届けているか、
正直に打ち明けています。

https://note.com/
sanctuarybooks

人生を変える授業オンライン

各方面の
「今が旬のすごい人」
のセミナーを自宅で
いつでも視聴できます。

sanctuarybooks.jp
/event_doga_shop/

本を読まない人のための出版社

サンクチュアリ出版

sanctuary books ONE AND ONLY. BEYOND ALL BORDERS.

サンクチュアリ出版ってどんな出版社？

世の中には、私たちの人生をひっくり返すような、面白いこと、すごい人、ためになる知識が無数に散らばっています。
それらを一つひとつ丁寧に集めながら、本を通じて、みなさんと一緒に学び合いたいと思っています。

最新情報

「新刊」「イベント」「キャンペーン」などの最新情報をお届けします。

X	Facebook	Instagram	メルマガ
@sanctuarybook	https://www.facebook.com/sanctuarybooks	sanctuary_books	ml@sanctuarybooks.jp に空メール

ほんよま ほんよま

単純に「すごい！」「面白い！」ヒト・モノ・コトを発信するWEBマガジン。

sanctuarybooks.jp/webmag/

スナックサンクチュアリ

飲食代無料、
超コミュニティ重視のスナックです。
月100円で支援してみませんか？

sanctuarybooks.jp/snack/

参考文献・写真提供

【参考文献】
『新編大言海』冨山房
『新明解語源辞典』三省堂
『語源辞典（動物編）』『語源辞典（形容詞編）』東京堂出版
『日本語源広辞典』ミネルヴァ書房
『漢字源』学研プラス
『常用字解 第二版』平凡社
『新明解故事ことわざ辞典 第二版』三省堂
『旺文社古語辞典第十版』旺文社

【参考サイト】
コトバンク　https://kotobank.jp/
大日本図書　https://www.dainippon-tosho.co.jp/
貨幣博物館　https://www.imes.boj.or.jp/cm/

【写真提供】（iStock.com）

LightFieldStudios / rudolfoelias / RomanSeliutin / chie hidaka / iridi / Petra Richli / EEI_Tony / kozorog / cynoclub / Lulamej / Antagain / katoosha / vasiliki / domesq / lisegagne / namaki / chendongshan / Mulyadi / Lightspruch / ksena32 / w-ings / U.Ozel.Images / Sonsedska / WLDavies / Muhammad Wasil / Svetlana Sultanaeva / CathyDoi / sdominick / Nils Jacobi / KaeArt / Daniel Wischenbarth / Anna Listishenko / Natasha Zakharova / Olga Chetvergova / SetsukoN / piranka / Liudmila Chernetska / NiseriN / rai /zhuyufang / Nataliia Pyzhova / Galina Sandalova / Nataba / mitumal / Alena Ivochkina / Irina Nedikova / Astrid860 / Arseniy45 / Osobystist / Saso Novoselic / Nataliia Dubnytska / alkir / Juan Rubio / kimeveruss / Astakhova / 1001slide / ollegN / sjallenphotography / FluxFactory / skynesher / Daria Kulkova / vvvita / suemack / feedough / spxChrome / DjelicS / nndanko / Anzhelika Costin / mikdam / Westhoff / Manuta / Alones Creative / Akifyeva Svetlana / yotto / hitsujiuo
Umi Di（カバー）/ TheKoRp（カバー）

jumsica / PIXTA(ピクスタ)
いらすとや
チコデザ

ネことわざ
その七

ネコは傾城《けいせい》の生まれ変わり

意味

ネコは絶世の美女の生まれ変わり。

国を傾けるほど魅力のある女性を「傾城（傾国の美女）」といい、ネコの甘え方や愛らしさがそんな女性を連想させるから。自由気ままな様子から「ネコは長者（お金持ち）の生まれ変わり」というのもある。「ネコに九生あり（ネコは９つの命を持つ）」ということわざもある。すごいぞ、おネコ！

猫野シモベ

本の編集者。

20代の頃、ネコを前にしたときのあまりの豹変ぶりにドン引きされた経験があり、以来「隠れネコ好き」として活動。中小の出版社を経て、現在は零細プロダクションに所属。キャリア20年、100冊以上の作品を手がけるも、愛するネコをテーマにした企画だけはなかなか実現せず、今日にいたる。しかしこのたび、積もり積もったネコへの愛と執念で本企画を制作でき、念願が叶う。神さまおネコさま、ありがとう。

プライベートでは4匹のネコと暮らす（本書の制作中に１匹増えた）。


この日本語、どこからきたニャン？　**語源図鑑**

2024 年 12 月 15 日 初版発行

著者　猫野シモベ

デザイン　井上新八
企画・編集　猫野シモベ
DTP　株式会社ローヤル企画
タイトル・パッケージ　サンクチュアリ出版

発行者　鶴巻謙介
発行所　サンクチュアリ出版
〒 113-0023 東京都文京区向丘 2-14-9
TEL:03-5834-2507 FAX:03-5834-2508
https://www.sanctuarybooks.jp/
info@sanctuarybooks.jp

印刷・製本　株式会社シナノパブリッシングプレス